Bruns / Tellington-Jones · Die Tellington-Methode

Ursula Bruns / Linda Tellington-Jones

Die Tellington-Methode:
So erzieht man sein Pferd

Geleitwort von Prof. Dr. med. vet. Ewald Isenbügel

Umschlagfoto: Jack Parsons

ISBN 3-275-00856-0

9. Auflage 1995
Copyright © 1985 by Müller Rüschlikon Verlags AG, Gewerbestrasse 10,
CH-6330 Cham

Sämtliche Rechte der Speicherung, Vervielfältigung und Verbreitung sind vorbehalten.

Satz und Druck: Franz X. Stückle, Druck und Verlag, D-77955 Ettenheim
Bindung: Buchbinderei Benziger, CH-8840 Einsiedeln
Printed in Germany

Inhalt

Geleitwort von Prof. Dr. med. vet. Ewald Isenbügel 7

Vorwort 9

1. Das Ziel und der Weg 11

2. Ein Grundbeispiel: Kaishan 16
Was wir an ihm beobachteten 17
Was wir prüften 17
Was wir herausfanden 17
Wie wir ihn umerzogen 21

3. Charakter-Beurteilung 23
Physiognomische Merkmale 23
   Ohren (23) – Augen (23) – Profil (24) – Maul und Nüstern (24) –
   Haarwirbel (25)
Analyse 25
Fotobeispiele 26

4. Arbeit am Pferdekörper mit dem Tellington-Touch 29
Was bewirkt wird 29
   Kennenlernen durch Abtasten 29
   Wohlgefühl auslösen 30
   Vertrauen erwerben 31
Das Feldenkrais-Modell der Gehirnaktivierung 31
Der Tellington-Touch 33
   Positionen der Hände für den Tellington-Touch 33
   Wie stark ist der Druck beim Tellington-Touch? 34
   Einige allgemeine Hinweise 35
Der Arbeitsablauf in Fotos 36
Zusammenfassung 53

5. Arbeit am Boden nach der Tellington-Methode – T.E.A.M. 54
Wie T.E.A.M. entstand 54
Arbeitsprogramm 55
   Hilfsmittel 56
Generelle Wirkungen der T.E.A.M.-Übungen 57
Einige allgemeine Hinweise 58

Die Grundübungen   59
  Stehenbleiben   59
  Gewöhnung an die Gerte   64
  Führen   71
  Führen von rechts (76) – Führen zwischen zwei Händen (77)
Weiterführende Übungen   82
  Longieren an der kurzen Leine   82
  Labyrinth   85
  Rückwärtsrichten   90
  Großes L   93
  Stangen   94
  Stern   98
  Grill   100
  Tonnen   102
  Fahren vom Boden   103
Übungen zur «Gefahr»-Bewältigung   104
  Die furchterregende Plastikfolie   104
  Über Plastik gehen (104) – Unter Plastik hindurchgehen (107)
  Brücke   108
  Wippe   108
  Zweige   109
  Autoreifen   110
Arbeit ohne Halfter   112
Übungen zur «Statue»   116

6. Sechs Lehrbeispiele: Arbeit am Boden und unter dem Reiter   118
Kaishan   119
Dutch   129
Rex   142
Heira   154
Mini   166
Dorli   178

Geleitwort

Die Aufgaben für das Pferd haben sich in unserer Zeit grundlegend geändert. Das Arbeitspferd vielfältigster Nutzung gehört im großen und ganzen der Vergangenheit an. Heute ist das Pferd in allererster Linie Reitpferd, Freizeitgefährte des Menschen.

Die frühere Erziehung und Schulung von Reitpferden stand unter der Anforderung, ein in allen Situationen beherrschbares, zu häufigem Gebrauch dienstbares Pferd heranzubilden.

Situationssicherheit, Gehorsam und Rittigkeit sind Bedingungen, die auch heutige Sport- und Freizeitpferde – zwischen denen die Übergänge ja fließend sind – erfüllen müssen. Die Wege zu diesem Ziel aber haben sich wesentlich geändert und werden, wie dieses Buch zeigt, noch ständig vervollkommnet.

Bessere Kenntnis über das Verhalten und die Psyche des Pferdes, pferdegerechtere Haltungssysteme, subtilere Methoden der Ausbildung haben so nicht nur das tägliche Leben vieler Pferde verbessert, sondern auch das Verhältnis zwischen Reiter und Pferd sehr viel feiner und beziehungsreicher gemacht. Betrachten doch viele Pferdehalter den täglichen Umgang mit ihren Tieren, die eigenhändige Versorgung als ebenso erlebnisreiche und beglückende Beschäftigung wie das Reiten selber.

Trotz diesen verständnisvollen Bemühungen ist das Pferd ein leicht erregbares und fluchtbereites Tier geblieben und ist in unserer hochtechnisierten Umwelt vor allem mit den hohen Beanspruchungen des Leistungssportes oft überfordert.

Es kommt hinzu, daß der gemeinsame Werktag mit dem Pferd, das damit ganz natürlich entwickelte Wissen vom Umgang mit Pferden zusammen mit dem Arbeitspferd verschwunden sind.

Streß und Angst, Unverständnis und Fehlreaktionen auf seiten von Pferd und Betreuer, Verspannungen und Unbehagen bis zu daraus resultierenden Erkrankungen sind nicht selten die Folge. Hier setzt die Tellington-Methode an. Aufgrund profunder Kenntnis der psychischen und körperlichen Bedürfnisse des Pferdes entwickelt sie eine im Grunde uralte ganzheitliche Behandlung beziehungsweise Erziehungspraktik. Sie wirkt auf die Psyche des Pferdes mit vom Pferd leicht zu verstehenden Signalen der Gebärde, des Umgangs, der Stimme und der Körperhaltung ein und unterstützt diese vertrauenschaffende Beziehung durch zielgerichtet angewendeten Kontakt der Hand, die in wechselnden Intensitätsgraden auf verschiedene Regionen und Punkte des Pferdekörpers beruhigend, lockernd, entkrampfend und gegebenenfalls heilend einwirkt.

Dadurch wird nicht nur eine vertrauensvolle Korrespondenz erreicht, sondern im behandelten Pferd körpereigene Möglichkeiten aktiviert, mit den verschiedensten Schwierigkeiten körperlicher und psychischer Natur fertigzuwerden.

Aber nicht nur das: Auf dieser Basis aufbauend, beginnt die Erziehungsarbeit mit eigens entwickelten Übungen an der Hand. Sie beanspruchen Lernfähigkeit und Muskeln des Pferdes auf ungewohnte Weise. Sie haben damit wiederum zum Ziel, ungenutzte geistige und körperliche Möglichkeiten zu aktivieren.

Das Gesamtresultat: ein gelöseres und gelasseneres Pferd, kurz – ein angenehmeres, sichereres Reitpferd, eine engere und vertrauensvollere Beziehung zwischen Pferd und Reiter und eine Steigerung der Selbständigkeit und Leistungsfähigkeit des Pferdes.

All das klingt einfach und einleuchtend. Linda Tellington stellt es nicht nur weltweit seit Jahren von der ‹Equitana› bis zum Hippologischen Olympischen Trainingzentrum in Moskau an Pferden vor den Augen faszinierter Zuschauer unter Beweis. Zusammen mit Ursula Bruns hat sie in deren Testzentrum Reken die von jedem, der mit Pferden zu tun hat, nachvollziehbare, erlernbare Arbeitsweise entwickelt, wie sie nun in diesem Buch dargestellt ist.

Dafür sei beiden – vor allem auch vom Interesse der Pferde her – gedankt.

Prof. Dr. med. vet. Ewald Isenbügel
Dozent für Pferdezucht
der Veterinärmedizinischen Fakultät
Universität Zürich

Vorwort

Pferde erziehen, selbst erziehen – wie macht man das? Wie macht man es so, daß es auch den sicher zum Erfolg führt, der noch nichts oder wenig von Pferden versteht? Der keine große Erfahrung mit eigenen Pferden hat? Vielleicht früher nur im Verein ritt, das gesattelte Pferd vorfand, sich weiter nicht mit ihm beschäftigte? Oder der Turniere ritt, jeden Sonntag woanders war, Fehler, die sich einschlichen, einfach hinnahm aus Mangel an Zeit und auch an Wissen? Wie erzieht man sein Pferd, oder auch: wie erzieht man es um – so, daß man eigentlich nichts falsch machen kann? So, daß es außer viel Spaß an der Sache auch noch ein festeres Verhältnis zum Pferd mit sich bringt?

Es begann alles ganz einfach.
Ich betreibe unter anderem ein kleines Reitzentrum im ländlichen Westfalen, Linda Tellington-Jones (die wir im folgenden einfach Linda nennen wollen, wie sie es liebt) interessierte sich immer stärker für «schwierige» Pferde; sie steckte mich und meine Mitarbeiter an, und so beschlossen wir eines Tages, gemeinsam einen Arbeitskursus mit Problempferden abzuhalten. Linda bekam um die 20 Pferde zusammen, wir waren zu insgesamt 6 Helfern, ich brachte Kamera, Bandgerät und langjährige Erfahrung als Redakteurin und Buchautorin im schriftlichen Festhalten und Ordnen von Fakten, Abläufen und Beobachtungen in das Unternehmen ein. Der September war ungewöhnlich sonnig, die Tage waren noch lang, wir arbeiteten, diskutierten, formulierten und probierten 6 Wochen lang nahezu nonstop und fielen dabei allesamt von einem Staunen in das andere.
Es erwies sich schnell, daß wir erst am Beginn des Beginns standen. Linda war zwar unbestrittene Meisterin im Umgang mit den Pferden, doch auf dem jahrelangen, mühsamen Weg bis zu diesem Buch ging es weitgehend um die Umsetzung einer neuen Praxis in eine verständlich lehrbare Methode und in Anweisungen, die jeder allein nachvollziehen kann.

Die Arbeit förderte überraschende Erkenntnisse zutage.
Die ursächlichste und wichtigste war, daß nahezu allen «Problemen» ein *Mangel an Grundschulung* –an Erziehung – zugrunde lag: Weder die Reiter oder Besitzer noch die Pferde waren durch eine grundlegende Schule gegangen! Und es ergab sich, daß der Weg *aller* Korrektur über diese vernachlässigten Anfänge führte – *weshalb die Lösungen, die wir fanden, auch von Laien nachvollziehbar und auf die allermeisten Pferde anwendbar sind – auch und vor allem auf junge (bei denen sie helfen, Probleme gar nicht erst aufkommen zu lassen).*

Die zweite, nicht minder wichtige Erkenntnis war, daß große, tiefgreifende und sehr ernstzunehmende Probleme aus *körperlichen Mängeln* erwachsen – aus Erkrankungen des Knochen- Muskel- und Sehnenapparates, die denen der Menschen unserer Tage sehr ähnlich sind. Diese Schmerzen und Verspannungen verursachen Verhaltensstörungen und Probleme. So manches Pferd, dem sein unglücklicher Besitzer mit immer größerer Härte, immer schärferen Hilfsmitteln «Ungezogenheiten» auszutreiben versucht, ist ganz einfach krank und reagiert aus Schmerz und nicht aus Widersetzlichkeit in schlimmer Weise.

Und drittens ergab sich im Laufe unserer Arbeit sehr nachdrücklich, daß sich der Mensch unserer Tage kaum mehr in sein Pferd hineindenken, daß er dem Pferd seine Wünsche *nicht mehr artgerecht klarmachen* kann. Das wiederum führt zu Mißverständnissen, die nicht seine Physis sondern seine Psyche nachhaltig stören: zahllose «Unarten» entstehen aus Frustration des Pferdes deswegen, weil es nicht begreift, was es tun soll; es ist verwirrt, es reagiert durch Apathie oder Bockigkeit, durch Übererregung oder Angstpsychosen.

Aus gemeinsamer Erfahrung entstand so im Laufe jahrelanger enger Zusammenarbeit, aus Versuch – Irrtum – Erfolg, in nachdenklichen Gesprächen, die sich tief in die Nächte hineinzogen und abermalige Versuche bewirkten, dieses Buch. Wir hoffen, daß es vielen Menschen und vielen Pferden helfen wird.

Bonn   Santa Fe

Ursula Bruns   Linda Tellington-Jones

1. Das Ziel und der Weg

Zwei Fragen beschäftigen uns hier, die aller Erziehung vorangehen. Die erste lautet: Wie eng ist der Kontakt zu unserem Pferd – wie genau kennen wir es? Die zweite lautet: Was wollen wir erreichen?

Zur ersten sagten wir schon, daß der enge Kontakt zum Pferd, wie er durch die Jahrtausende dem Hirten, dem Bauern, dem Nomaden, dem Gespannführer und sogar dem Soldaten selbstverständlich war, verlorengegangen ist. Unser Pferd *lebt* in den allermeisten Fällen nicht mehr *mit* uns.

Selbst jene etwa 30 Prozent der Reiter, die ihre Pferde «beim Haus» halten, verbringen nicht mehr den Alltag gemeinsamer Arbeit mit ihnen, sondern treffen sie nur sporadisch: beim Füttern, am Wochenende, auf eine Stunde am Abend, beim gelegentlichen Ritt.

Die restlichen 70 Prozent halten eigene Pferde im Reitstall oder reiten dort fremde Pferde. Sie sehen sie noch weniger, wechseln sie unter Umständen häufiger, können also das Tier, das sie – zur Erholung, zum Abarbeiten überschüssiger Energien oder zu sportlichen Zwecken – halten oder nur reiten, gar nicht wirklich kennen.

Und je jünger Pferde sind, um so weniger «kennen» wir sie, da wir – wenn wir vernünftig sind – dafür sorgen, daß sie unter ihresgleichen auf der Weide großwerden, gesund herumtollend, und dabei sind sie dem anderswo beschäftigten Besitzer kaum unter den Augen.

Stellen wir uns nun vor, wie jene Hirten, Nomaden, Gespannführer, Bauern und Soldaten ihr ganzes Leben in enger Gemeinschaft mit den Pferden verbrachten – miteinander die Schwere der Arbeit erlebten, die Freuden des Nichtstuns genossen, aufeinander angewiesen waren in einer uns kaum mehr vorstellbaren Nähe, so merken wir deutlich, wie fremd Pferd und Mensch einander heute geworden sind. Wir können uns individuell kaum noch miteinander verständigen, zumal dann, wenn die Pferde nicht in unser tägliches Leben beim Haus einbezogen sind, sondern im Vereinsstall eingestellt. Die Pferde sind dort in den langen Reihen geschlossener, licht- und luftloser Boxen unserem Leben äonenweit entfernt; sie dämmern 23 Stunden am Tag stupide und gelangweilt vor sich hin; die Fütterungszeiten – in vielen «rationellen» Betrieben auf zwei am Tag reduziert – sind die einzigen Lichtblicke in ihrem Dasein; die Stunde unter dem Sattel gerät in den meisten Fällen entweder zum Kampf mit dem unverstandenen Reiter oder zum gottergebenen Dahintrotten der geistig geschundenen Kreatur, die stumpf ihre Runden dreht. Ist der Reiter «stark» genug, so kann er die Bestie zwingen – was ihm zwar Befriedigung schenken mag, keinesfalls aber zu Verständnis und Kameradschaft beiträgt.

Nun gibt es zwar eine wachsende Zahl von Pferdefreunden, die sich dieser unerfreulichen Zwänge bewußt sind und sie zu ändern versuchen. Doch der Schlüssel zum Verständnis des Pferdes fehlt auch ihnen; sie *wissen* beim besten Willen nicht, wie sie ihrem Pferd – sei's daheim, sei's in der Reitschule – persönlich näherkommen können. Daß Karotten und Zuckerstückchen im Geschenkkarton nicht die Lösung sind, ist diesen Nachdenkenden inzwischen klar. Sie lesen vielfach die neuerdings immer zahlreicher erscheinenden Bücher über die Psychologie des Pferdes und beschäftigen sich im Geiste mit ihr. Sie tun daran gut: Noch nie war das Interesse an Art und Empfinden des Pferdes so groß wie heute, kaum je wurde so gut und fundiert darüber geschrieben.

Wie aber soll man selbst dieses Wissen in die Praxis umsetzen? Wie dem eigenen Pferd tatsächlich näherkommen im täglichen Umgang?
Hier setzt die zweite Frage an: Wie nahe möchten wir unserem Pferd kommen und wie weit möchten wir ihm dabei seine eigene Persönlichkeit, seinen eigenen Willen, seine eigenen Gefühle zubilligen? Immer noch gilt ja weitherum, daß ein Pferd gehorchen muß, dem *Willen des Reiters* gehorchen muß, möglichst blindlings; daß es unter dem Sattel ohne jeden Widerstand Dinge tun muß, die ihm *von Natur und Verständnis her völlig fremd* sind, die ihm weithin sinnlos vorkommen und ihm nicht die geringste Befriedigung verschaffen – ja, daß es die meisten dieser Dinge tun muß, ohne daß ihm sein Reiter durch richtige und verständige «Hilfen» überhaupt zeigt, *was* es tun soll.
Gelehrt wird höchstens durch ständige Wiederholung des Gleichen, solange, bis ihm buchstäblich eingetrichtert ist, daß es *dies* ist, was es tun soll. Daß es sich dabei nicht zum *verstehenden Mittun* hin entwickeln kann, ist klar – doch gerade das bringt uns zu unserer Frage zurück: *Soll* unser Pferd mittun, ja mitdenken? *Wollen* wir es zur *Selbständigkeit* erziehen, zum intelligenten Mittun?
Billigen wir ihm überhaupt so etwas wie Intelligenz zu? Eine Intelligenz, die zwar nicht kreativ ist (wie die des Menschen), jedoch grundlegend «Lernfähigkeit» beinhaltet – nicht nur «Lernen durch Wiederholung», sondern «selbständiges Nachvollziehen von Lernerfahrungen»? Wir jedenfalls tun dies. Unsere Arbeit, unser Verhältnis zum Pferd und dieses Buch basieren darauf, und alles, was im Text mit darauf bezüglichen Worten wie «denken, nachdenken, mitdenken, überlegen» beschrieben wird, ist aus unserer Sicht in diesem nicht vermenschlichenden Sinne zu verstehen.
Wir vertreten den Wunsch, ein zum Mitdenken geschultes Pferd zu erziehen, und vertreten ihn, beide nach mehr als einem halben Leben des Reitenlehrens, aus den folgenden Gründen nachdrücklich:
Ein solches Pferd ist
sicherer, weil es nicht vor allem Unbekannten blindlings davonrennt;
sicherer, weil es gelernt hat, auf seinen Reiter hinzuhören, und mit ihm
    Lösungen sucht;

erfreulicher, weil es dem Reiter das Gefühl vermittelt, beim Ritt wirklich zu zweit zu sein, einen Kameraden zu haben, auf den Verlaß ist;

weniger anstrengend, weil es nicht ständig mit dem Reiter kämpft, der Reiter deshalb leichter sitzen kann und die Zügel leichter führt;

geschonter, weil es seine Kräfte nicht in der Abwehr unverstandener Reiterbefehle verbrauchen muß und sie einsetzen kann zu beiderseitigem Vergnügen.

Konnten Sie unsere Fragen im skizzierten Sinne beantworten, zeigen wir Ihnen gern, wie Sie das Ziel leicht und angenehm erreichen und dabei viele Stunden wachsenden Vertrauens zwischen sich und Ihrem Pferd erleben; nur möchten wir von vornherein sagen, daß es eben *viele* Stunden sein werden. Wir haben keinen «Wochenendkurs zum Ausbilden von Pferden» entwickelt (wenngleich Sie an einem intensiven Wochenende eine Menge erreichen können); wir gehen auch nicht davon aus, daß ein unerfahrener Ausbilder auf die Schnelle aus einem unerfahrenen Pferd Wunder herausholen wird. Wir gehen, im Gegenteil, ganz bewußt davon aus, *daß niemand mehr Zeit hat zur Ausbildung eines einzelnen Pferdes als sein Besitzer,* und alle unsere Übungen sind so gestaltet, daß man sie sowohl kurz hintereinander als auch in längeren Abständen durchführen kann. Je länger die Abstände, um so intensiver muß natürlich das zuletzt Gelernte wieder ins Gedächtnis zurückgerufen werden, indem man eine oder zwei Übungen der vorigen Lektion wiederholt – das versteht sich von selbst. Freilich sollte man nie endlos und nervtötend wiederholen, sondern dem Pferd das Gelernte intensiv und zugleich spielerisch ins Gedächtnis zurückrufen. Vom Grundgedanken her aber kann man sich Zeit nehmen: jedes Wochenende ein paar Stunden, jeden Abend eine halbe Stunde, im Urlaub täglich ein bestimmtes Pensum. Man kann schon beim Fohlen mit den ersten Übungen beginnen und während jener Jahre, in denen es zum Reiten oder Fahren noch zu jung ist, ganz nebenbei ein perfekt erzogenes Reitpferd aus ihm machen, ihm eine ausgewogene Art der Bewegung antrainieren, sein Interesse an allem Neuen wecken und sein Vertrauen in uns stärken.

Das alles trifft natürlich auch auf erwachsene Pferde zu, die wir entweder einreiten, schulen oder – bei Problemen – umerziehen möchten.

Schrecken Sie nun bitte nicht zurück, wenn Sie beim ersten Durchblättern dieses Buches feststellen, daß manche Übungen geradezu «pingelig» detailliert beschrieben sind – *wie* Ihre Hand sich bewegen, Ihr Körper sich nach rechts oder links beugen, Ihr Pferd nur einen einzigen Schritt machen soll. Denken Sie bitte nicht, das sei doch alles mehr oder weniger überflüssig.

Unsere Methode bezieht Sinn und Erfolg aus dem Detail. Sie schöpft dabei aus Jahren praktischer eigener Arbeit, ebenso langem Nachdenken über zugrundeliegende Probleme, aus pädagogischer Erfahrung sowie aus einem umfassenden Studium der neuesten Erkenntnisse sowohl der Bewegungslehre von Mensch und Tier als auch über die Lernfähigkeit beider, sie weiß sich dabei einig mit führenden Wissenschaftlern auf diesen Gebieten in aller Welt.

Ihr Pferd wird gerade durch das Detail, das seine Auffassungskraft nicht übersteigt, gelehriger und schließlich durch Lernerfahrung selbständiger. Es gewinnt zunehmend Interesse an den vielseitigen winzigen Aufgaben, die ihm gestellt werden. Es lernt, auf jede Ihrer Bewegungen, auf jeden Ton Ihrer Stimme, jede Geste der Gerte zu achten und sie mit nachvollziehbarem Tun zu identifizieren; es gewinnt Freude daran, Sie möglichst schnell zu verstehen und gemeinsam mit Ihnen etwas wieder Neues zu unternehmen. Es lernt dabei selbstverständlich auch Sie, seinen Lehrer, seine Lehrerin, gründlich kennen und verstehen; es lernt – gerade, wenn Sie sich Zeit nehmen und die Schritte ganz langsam und bewußt durchgehen –, Ihnen unbedingt zu vertrauen, weil es begreift, was Sie von ihm wollen.

Sie selbst lernen Ihr Pferd ebenfalls gründlich kennen. Sie wissen bald genau, wann es sich fürchtet, wann es etwas nicht verstanden hat, wann es übereifrig ist, wo Sie etwas wiederholen müssen. Sie lernen Ihre eigenen Regungen zu kontrollieren und Ihre verständliche Ungeduld zu bremsen, wenn Sie die kleinen Fortschritte jedes Tages registrieren. In kurzer Zeit kommen Sie mit leichteren Signalen aus, kommt Ihr Pferd Ihnen selbstverständlicher entgegen. Hatten Sie vorher Angst vor Ihrem Pferd, so ist sie nun verloren ...

Obwohl dieses Buch mit dem eigentlichen Reiten nichts zu tun hat, möchte ich Ihnen von einem kleinen Erlebnis erzählen, das ich vor Jahren mit einem so perfekt zum Mitdenken erzogenen Pferd in Irland hatte. Ich war – Freunde hatten es bewirkt – von mir Unbekannten zur Jagd eingeladen, und man gab mir eine wertvolle Connemara-Vollblutstute, ohne mich vorher überhaupt reiten gesehen zu haben. Das war mir peinlich, und ich gab zu bedenken, daß ich das Pferd (unwißentlich) ja schädigen könnte. Unbesorgt sagte die Besitzerin: «Wie ich weiß, reiten Sie schon lange. So halten Sie sich bitte nur an der Mähne fest, gehen Sie mit und tun Sie sonst gar nichts. *Die Stute ist absolut selbstständig erzogen.*» Ich tat, wie mir geheißen, und es wurde eines der Schlüsselerlebnisse meines Reiterlebens: eine schnelle, sprungreiche Jagd hinter Hasen auf einem Pferd, das sich immer selbst den Absprung suchte, nicht stolperte, nicht gelenkt werden mußte, sicher aufsetzte und mit spürbarem Vergnügen bei der Sache war.

In den nahezu 50 Jahren im Sattel in aller Welt habe ich stets jene Pferde am meisten genossen, die *am besten erzogen* waren, und Linda fragte mich schon nach ihren ersten Besuchen auf dem Kontinent: «Weshalb werden bei Euch die Pferde so wenig *erzogen?* Sie können manchmal enorm viel, aber man hat dauernd das Gefühl, sie seien nie richtig in die Schule gegangen.»

Damit traf sie den Nagel auf den Kopf.

Gehen wir nun gemeinsam in die Grundschule.

*

Ein Wort noch zuvor über den *Aufbau des Buches*.

Nach den Jahren des Tastens und Erprobens fanden wir für unser Buch schließlich ein einfaches Schema, um den Leser maximal an unseren Erfahrungen teilhaben zu lassen und ihm selbst maximalen Gewinn für die eigene Arbeit zu vermitteln.

Wir stellen Ihnen zunächst ein besonders schwieriges Pferd vor und schildern es Ihnen so, wie die Besitzer es auf langem Fragebogen und in persönlicher Unterredung uns geschildert hatten; und wir zeigen in grobem Umriß, welche Maßnahmen wir ergriffen, um seinen Problemen auf den Grund zu kommen und sie zu beseitigen.

Dazu sind ganz bestimmte Erkenntnisse dessen erforderlich, was Charakter und Körperbau des Pferdes betrifft, und Hinweise darauf, wie man sie gewinnt.

Ferner benutzten wir bestimmte Hilfsmittel in unserer Grundschule, um den Pferden – wie Kindern – das ABC beizubringen. Es sind Gerte, Führzügel, Bodenhindernisse, es sind die Arbeit der Menschenhand am Pferdekörper, das Hinhorchen auf Reaktionen, ein Lehrprogramm, das das Verständnis des Pferdes nicht übersteigt.

Wir zeigen Ihnen diese Hilfsmittel und die Arbeit damit in kurzen Kapiteln – und zeigen Ihnen dann, wie wir mit ihnen den unterschiedlichen Pferdeproblemen zuleibe gingen. Da jedes dieser Pferde andere Probleme mitbrachte, war auch die Behandlung jeweils anders, und so ergibt sich – wie aus den Steinchen eines Mosaiks – am Ende ein großer Überblick über das, was wir mit Erziehen, mit «Grundschule» *für jedes, nicht nur für das problembeladene Pferd* bezeichnen.

Schauen wir uns nun *Kaishan* an, zunächst einmal, um an ihm das eben beschriebene Schema zu demonstrieren.

2. Ein Grundbeispiel: Kaishan

Kaishan ist ein Vollblutaraber, 8 Jahre alt, sehr spät gelegt, mit noch starken Hengstmanieren. Er gehört einer Dame, die ihn 2-3 mal wöchentlich anderthalb Stunden am langen Zügel reitet, jedoch zunehmend sein Verhalten unter dem Sattel fürchtet: Er ist leicht erregbar, stellt sich in der Gruppe einfach quer, galoppiert auf der Stelle, wiehert, wirft den Kopf hoch und stellt ihn stark nach links, wobei er den Unterhals kräftig vordrückt und sich schwer auf die Hand legt (Abb. 1). Sieht er irgendwo in der Ferne ein fremdes Pferd, rennt er blindlings darauf zu und versetzt damit seine Reiterin ständig in Angst und Schrecken. Der frühere Besitzer hatte ihr den Ratschlag

Abb. 1

gegeben, ihn zu Beginn jedes Rittes einfach 10 Kilometer laufen zu lassen – dann würde sie schon mit ihm fertig werden. Freilich war das dort, wo er nun lebte, so wenig möglich wie sonstwo in der Bundesrepublik.

Aber er ist auch ungeritten ungezogen: läßt sich nur schwer anbinden und putzen, bleibt nicht ruhig stehen, wiehert andauernd, versucht jedes Pferd, das ihm nahekommt, anzugreifen, reißt sich vom Führstrick los – kurz: er hat keine Manieren.

Er hat sie nie gelernt.

Was wir an ihm beobachteten

Er war sehr hengstig, holte sich sofort eine Stute und verteidigte sie so bösartig, daß wir die beiden von den anderen Pferden trennen mußten: Er biß gezielt nach anderen Pferden, griff sie im Auslauf immer wieder an, versuchte auch unter dem Sattel, Nebenbuhler zu beißen.

An Menschen hatte er überhaupt kein Interesse. Bei der Handarbeit in der Bahn zum Beispiel versuchte er, eine draußen weidende Stute über die Einfassung hinweg mit vorgerecktem Kopf wild anzugreifen, mit einem zornigen Hengstschrei, ganz ohne dem, der gerade intensiv mit ihm arbeitete, auch nur die geringste Beachtung zu schenken.

Beim Reiten ließ er sich durch andere Pferde völlig aus der Fassung bringen und versperrte ihnen am liebsten den Weg, war aufgeregt, nervös – ganz wie ein Hengst in der Herde, der daran gehindert wird, seinen instinkt-geleiteten Pflichten nachzukommen.

Als Reitpferd war er kein Gentleman – er fühlte sich seiner Reiterin in der Rangordnung überlegen.

Was wir prüften

Er wurde zunächst auf dreierlei Weise untersucht:

1. Kopf und Ausdruck wurden genau studiert, um seinen *Charakter* zu erkunden und zu analysieren. (S. 23).
2. Mit den Händen wurde sein Körper abgetastet, um eventuelle *schmerzende* oder *verspannte* Stellen zu entdecken (S. 29).
3. Mit den Augen wurde der Körper ebenfalls sorgfältig geprüft, um herauszufinden, ob etwa Fehler der *Konformation* (des Körperbaus) Ursache der Probleme sein könnten.

Was wir herausfanden

1. Kaishans *Kopf* (Abb. 2a, b) weist ihn als ein vernünftiges, mittelintelligentes Individuum aus, das beim Lernen kaum Schwierigkeit machen sollte. Die Ohren sind normal lang, säbelförmig und fein geformt, in den Spitzen

Abb. 2a   *Abb. 2b*

gehen sie ein wenig aufeinander zu – Zeichen eines anständigen Charakters mit viel Vorwärtsdrang.
Die Stirn ist flach, mit einem Wirbel – ein unkompliziertes Pferd.
Die Augen stehen weit auseinander und sitzen ziemlich tief am Kopf – Zeichen für Intelligenz.
Die vordere Nasenlinie weist nur die allerleiseste Vertiefung auf und ist zwischen den Augen ganz flach – wiederum: ein normales Pferd. Die untere Nasenpartie ist viereckig, stabil und flach – hinweisend auf einen eher schwachen Willen.
Die Nüstern sind groß und fein, das Maul ist eckig – gleichmäßiger, verläßlicher Charakter. Die Maulspalte ist etwas lang – manchmal schwierig.
Was mit alledem nicht übereinstimmt, sind die Augen, die man geradezu als verschleiert bezeichnen könnte. Form und Winkelung sind ungewöhnlich; überdies hat Kaishan die Angewohnheit, bei der Arbeit niemanden anzusehen – er weigert sich geradezu, nach vorn zu sehen, als wünsche er, niemanden dicht vor sich zu sehen. Er ist völlig uninteressiert an allem, was man mit ihm macht, und gibt einem wiederholt das Gefühl, er ziehe sich verschlossen in sich selbst zurück.
Die Augen könnten der Schlüssel zu seinen Problemen sein: Wenn ein Pferd nicht gut sieht, so macht es das unsicher, nimmt ihm das Vertrauen. Ein unsicheres Pferd jedoch wirft immer den Kopf sehr hoch – in ständiger Fluchtbereitschaft. Wird aber der Kopf gewohnheitsmäßig sehr hoch getragen, so sind bald die Halsmuskeln überentwickelt – der Unterhals wird stark

nach vorn, der Rücken nach unten weggedrückt, was wiederum dauernde Schmerzen bewirkt und eine ständige Verspannung, die das unglückliche Tier zum «Problem» werden läßt. Das trifft natürlich auch für den Fall zu, daß das Pferd nicht wegen der Augen sondern aus anderem Grund den Kopf immer hochwirft.

2. Die nächste Untersuchung bringt wichtige Aufschlüsse darüber, was sonst noch trotz vieler Anzeichen von Normalität und normaler Intelligenz so viele Schwierigkeiten bewirkte.

Als sein Körper mit den Händen auf mögliche Schmerzstellen hin abgetastet wird, reagiert er sofort überempfindlich auf den Druck der Finger knapp hinter dem Widerrist. Damit ist gleich sein starker Vorwärtsdrang, sein «Temperament» erklärt: Jedes Pferd rennt vor Schmerzen zuerst einmal instinktiv davon. Und wenn schon der Druck der *Finger* auf den Rücken ihn zusammenzucken und den Rücken vor Schmerzen nach unten wegdrücken läßt – wie stark müssen dann seine Schmerzen unter dem Gewicht von Sattel und Reiter sein!? Und immer, wenn er den Rücken wegdrückt, hebt er automatisch den Kopf hoch – genau so, wie er es unter dem Reiter tut, wo ihn dann diese Reaktion der Reiterhand entzieht und nahezu unkontrollierbar macht (s. Abb. 1).

Weiter zeigt er starke Schmerzgebärden beim Druck der Finger hinter den Ohren, beidseits des Halses bis hinunter zum 5. Wirbel und auf dem Halskamm. Jetzt wußten wir es also: Betrachtet man abermals das Bild unter dem Reiter, wird klar, daß hier ein böser Kreislauf von Ursache und Wirkung das angeborene Verhalten schmerzhafter und schlimmer gemacht hatte: Wenn er den an sich schon hochgetragenen Kopf noch höher warf, um sich der Einwirkung der Reiterhand zu entziehen, verkrampfte er die Halsmuskulatur; im Bestreben, ihn langsamer zu machen und unter Kontrolle zu halten, nahm seine Reiterin den Kopf dann weit nach links – was die schmerzhafte Verkrampfung weiterhin verstärkte. Schließlich machte ihn schon die Angst vor dem Schmerz unter dem Sattel unruhig und aggressiv. Der dritte starke Schmerzpunkt lag da, wo Hals und Brust ineinander übergehen: Schmerz in dieser Körpergegend ist wieder durch die innere Verspannung verursacht, die ihrerseits durch falsche Kopfhaltung verursacht wird oder dadurch, daß ein Pferd viel von hinten getrieben und vorn zurückgehalten wird (also mit viel Kreuz gegen die Hand); das verträgt gerade der Araber äußerst schlecht; es verursacht bei seinem Körperbau besondere Muskelanspannung und damit Schmerz. Schon ein leichtes Berühren dieser Stelle veranlaßte Kaishan, den Kopf hochzuwerfen (Abb. 3).

3. Zum Schluß stellten wir Kaishan dann so hin, daß wir ihn von allen Seiten betrachten konnten. (Abb 4). Bald wird ein weiterer Grund für Rückenschmerzen klar und dafür, daß dieses bestimmte Pferd am besten mit einem gutsitzenden Westernsattel geritten werden sollte. Sein Rücken ist tief – mehr als der allgemeine Durchschnitt der Rückenlinie – eingesenkt und

Abb. 3

Abb. 4

gemuldet, die Schulter ist sehr steil. Beine und Fesseln sind gut, der Oberarm ist lang und stark, das Röhrbein kurz und gut angesetzt, der Huf kräftig, die Ballen rund und gesund.

Manchmal werden Rückenschmerzen durch zu niedrige hintere Trachten hervorgerufen, die den Huf zu tief an den Boden bringen, oder durch zu lange, dünne, schwache Fesseln oder einen zu langen Rücken oder eine Winkelung der Schulter, die nicht zum Fesselstand paßt. Bei Kaishan aber war es nicht das – gesunde – Fundament, von dem die Schwierigkeiten ausgingen. Tiefer Rücken, steile Schulter und hohe Kopfhaltung stimulierten vielmehr bei ihm schon ohne Reiter den Fluchtinstinkt, wenn er sich aufregte.

Die starke Anlage zum Hirschhals, wie er sie unter dem Reiter ausgeprägt, im Stand deutlich zeigt, kann ebenso Rückenschmerzen verursachen wie ganz gewiß auch die durch Anlage und falsches Reiten entstandene Unfähigkeit, sich frei in gutem Gleichgewicht zu bewegen. Sein erster Besitzer saß beim Reiten tief und hart im Sattel ein und trieb ihn ständig mit angespanntem Kreuz gegen die Hand: eine Reitart, die für einen sensiblen Araber (zumal von Kaishans Bauart) katastrophal sein kann.

Wie wir ihn umerzogen

Diesen Prozeß zu schildern, macht den Inhalt des vorliegenden Buches aus. Nach der geschilderten gründlichen Betrachtung von Kopf und Körper begannen wir damit, Kaishans Manieren von Grund auf neu zu schulen. Dazu bedienten wir uns des T.E.A.M.-Programmes, das Linda entwickelt hat und das wir heute in Reken lehren. (Über die Bedeutung der symbolischen Abkürzung s. S. 54). Wir machen Sie damit so genau bekannt, daß Sie den größtmöglichen Nutzen daraus ziehen können.

Erst wenn Sie alle erforderlichen Einzelheiten gründlich kennen, kommen wir wieder auf Kaishan zurück und schildern an seinem und dem Beispiel von 5 weiteren Problempferden die Anwendung des T.E.A.M-Programmes im Alltag.

Um es noch einmal zu wiederholen: *Daß wir Problempferde als Beispiele wählen, hat seinen Grund darin, daß an ihnen die Wirkungen unserer Arbeit deutlicher erkennbar werden. Jedoch muß* nachdrücklich *darauf hingewiesen werden, daß* jedes *Pferd von diesem Lehrprogramm profitiert, nicht nur das problematische:* ein glückliches, entspanntes Pferd wird die Aufmerksamkeit, die ihm sein Reiter schenkt, vergnügt annehmen und von Tag zu Tag interessierter mitmachen, ein verschlafenes wird wacher, ein interessiertes angeregter – alle Pferde werden einfach besser durch unsere Übungen: seelisch, weil sie viel besser *verstehen,* was der Mensch eigentlich von ihnen will; körperlich, weil sie sich *bewußt* geschmeidiger, besser koordiniert bewegen lernen und damit sicherer auf den Beinen, leichter in der Hand werden.

Es ist unsere gemeinsame Überzeugung, daß ein glückliches Pferd den Reiter glücklicher macht. Fern jeglicher Sentimentalität ist also festzuhalten, daß alles Bemühen, von dem wir in der Folge reden, schlußendlich uns Reitern zugute kommt.

3. Charakter-Beurteilung

Die Fähigkeit, die Charaktereigenschaften abschätzen zu können, ist sehr nützlich, wenn man mit der Erziehung eines Pferdes beginnt. Ist es träge oder aufmerksam (und damit ein langsamer oder schneller Lerner)? Ist es träge-langsam, so müssen die Aufgaben vielleicht oft wiederholt und sehr deutlich gezeigt werden. Ist es aufmerksam, begreift schnell, so langweilen es vermutlich zu viele Wiederholungen (wie sie weiterum und unserer Meinung nach fälschlich bei der Pferdeausbildung für notwendig erachtet werden). Ein schlaues Pferd, das sich langweilt, sieht sich oft nach Möglichkeiten amüsanterer Abwechslung um – nicht immer zum reinen Vergnügen des Ausbilders. Ist ein Pferd im Grunde eigensinnig, ist es sicher kein ideales Anfängerpferd. Ein ängstliches oder empfindliches Pferd ist ungeeignet für einen Mann, der ein hartes, zähes Pferd für Polo oder Jagdreiten sucht. Ein intelligenter Reiter findet es wahrscheinlich öde, mit einem dummen, langsam begreifenden Pferd zu arbeiten. In all diesen Fällen ist es für beide Partner nützlich, wenn der Mensch sich frühzeitig über die Veranlagung des Pferdes Gedanken macht.

Physiognomische Merkmale

Man beurteilt den Charakter, indem man sich das Gesicht in seinen Einzelheiten – Ohren, Augen, Stirn, Profil/Nasenlinie, Nüstern, Maul, Lippen, Kinn – und in deren Zusammenspiel genau ansieht.

Sind die *Ohren* lang oder kurz, fein, am Ansatzpunkt weit auseinander oder dicht beieinander liegend? Alles weist auf unterschiedliche Charaktereigenschaften hin. Schlappohrige Pferde wie etwa die «altmodischen» Trakehner und die Ungarn gelten als überaus zuverlässig und leistungsbereit. Lange, steife Ohren, die unten und oben dicht zusammenstehen, weisen auf eine Tendenz zu Unzuverlässigkeit und schnell wechselnden Reaktionen hin. Pferde mit ungewöhnlich kurzen Ohren sind oft unflexibel. Natürlich ist die Länge der Ohren relativ und muß immer im Zusammenhang mit dem gesehen werden, was rassetypisch ist oder zum Gesamtbau des Pferdes paßt.

Die *Augen* sind wahrscheinlich der unbeständigste, wechselhafteste Teil des Kopfes. Ist ihr Blick hart, weich, stolz, stur, dumm, traurig, furchterfüllt, nach innen gekehrt, freundlich, zutraulich, mißtrauisch?
Der Blick der Augen kann sich im Verlauf der Arbeit völlig ändern: Ein

Pferd etwa, das stur und uninteressiert ist, kann zutraulich und glücklich werden, wenn beispielsweise die Arbeit an der Hand interessant ist, sein Gleichgewicht verbessert und es ganz allgemein sicherer macht.

Die Form der Augen ist ebenfalls sehr unterschiedlich. Sind sie rund, oval, dreieckig, ungewöhnlich weit offen und unbeweglich oder halb geschlossen und «schlitzäugig»? Zeigt das Auge viel Weiß, so halten manche Fachleute das Pferd für gefährlich – es kann aber auch nur hysterisch oder sehr ängstlich sein. (Nur bei den Appaloosas ist ein weißer Ring ums Auge ein Merkmal der Rasse.) Ein rundes Auge ist meist freundlich, ständig halbgeschlossene Augen weisen oft auf mangelnde Intelligenz hin. Ein dreieckiges Auge, direkt darüber einige tiefe Falten, besagt, daß das Pferd unsicher ist – ähnlich einem Menschen mit stets fragendem Stirnrunzeln.

Ein tiefes Loch über den Augenhöhlen weist auf ein hartes Leben oder eine schwere Krankheit oder hohes Alter hin.

Es macht auch einen Unterschied, ob das Pferd zwischen den Augen breit oder schmal ist. Pferde mit breiter, flacher Stirn lernen schnell; «schmal zwischen den Augen» heißt meistens «nicht sehr schlau». Das ist jedoch nicht immer unerwünscht. Ein Reitschulpferd oder eines für einen Anfänger muß nicht allzu schlau sein. Das Pferd, das schnell lernt, lernt natürlich auch schnell schlechte Angewohnheiten. Hat ein schmalgesichtiges Pferd eine Aufgabe erst einmal gelernt, behält es sie meistens gut und kann ein ausgezeichneter Arbeiter sein.

Das *Profil* ist sehr wichtig. Ein gerades Gesicht ist unkompliziert; die eingedrückte (konkave) Nasenlinie verrät Unsicherheit oder Ängstlichkeit, die Ramsnase Kühnheit. Ein ramsnasiges Pferd mit kleinen Schweinsaugen, tief eingesunken, ist dabei oft eigensinnig und schwierig (die Kombination ist aber ziemlich häufig); hingegen kann das ramsnasige Pferd mit großen, runden, weit auseinanderstehenden Augen einen mutigen und exzellenten Partner bei schwerer Arbeit abgeben. Argentinische Poloponys haben oft diese Art Kopf. Einen Araber mit eingedrückter Nasenlinie hingegen würde man nie zum Polospiel (und in Amerika auch nicht zu Langstreckenritten) wählen. Alle berühmten arabischen Distanzsieger haben eine gerade Nasenlinie.

Wölbungen zwischen den Augen deuten auf einen irrationalen, komplizierten Charakter hin, und eine kleine Erhöhung knapp unterhalb der Augen warnt vor unvorhersehbaren Reaktionen. Eine Wölbung der unteren Nasenhälfte, die «Elchnase», verrät immer einen starken Charakter; Herdenführer haben oft solche Nasen.

Eine eckige Maulpartie ist für gewöhnlich unkompliziert, und wenn eine Linie scharf abfällt von oberhalb der Nüstern bis zur Oberlippe, so weist das auf einen vielschichtigen Charakter hin, ein Pferd, dem dauernd etwas einfällt – zumal dann, wenn die Oberlippe beweglich ist.

Ganz erstaunlich viele Varianten gibt es bei den *Nüstern* zu beobachten. Sie können lang oder kurz sein, beweglich oder fest, können dünne oder dicke

Enden haben. Ganz allgemein kann man sagen, daß ein Pferd um so intelligenter ist, je beweglicher und größer sie sind. Enge, wenig entwickelte Nüstern können ein Zeichen dafür sein, daß das Pferd geistig zurückgeblieben ist, zumal dann, wenn sie zusammen mit glanzlosen, uninteressierten Augen auftreten und mit Ohren, die nie gespitzt werden, sondern meist mit geringer Beweglichkeit etwas zur Seite hängen. Falten über den Nüstern und dazu beschleunigte Atmung deuten auf Schmerzen hin oder auf Überdruß und Widerwillen (häufig bei alten Pferden mit starkem Charakter).

Die Länge des *Mauls* verrät ebenfalls viel über den Charakter. Eine mittlere Länge ist wünschenswert; die kurze Maulspalte gehört zu einem wenig flexiblen, störrischen Pferd; die lange ist meistens überempfindlich.

Sehr viel erzählen auch die *Wirbel* am Kopf über die Eigenschaften eines Pferdes. Araber, Zigeuner, Philippinos haben überaus interessante Ansichten darüber, und noch heute bewerten die Beduinen des Mittleren Ostens Haarwirbel am Kopf und am Körper genau, wenn sie den Preis eines Pferdes ermitteln wollen. Linda berichtet, daß sie auf diese Wirbel erstmals durch ihren Großvater hingewiesen wurde. Er ritt vor dem Ersten Weltkrieg in Rußland Rennen und hatte einen Zigeuner als Dolmetscher, der ihn die Bedeutung der Wirbel lehrte. Auf Lindas «Pacific Coast Equestrian Research Farm» wurden ab 1965 an über 1500 Pferden die Zusammenhänge zwischen Eigenschaften und Wirbeln untersucht.

Analyse

Die Charakteranalyse vermittels der aufgezeigten Daten mag sehr kompliziert scheinen, und sie ist es auch. Denn um Endgültiges zu sagen, muß man die vielen Einzelheiten richtig lesen und dann noch kombinieren können, und das bedarf der Erfahrung. Dennoch lohnt es sich, sich damit zu befassen, da jede kleinste Information im Zusammenleben mit einem Pferd nützlich ist.
Dazu ein Beispiel.
Linda erzählt: «Vor einiger Zeit wurde ich gebeten, mir in Kanada ein Pferd anzuschauen. Es war ein Quarterhorse, das – im Umgang freundlich – seiner jungen Besitzerin mehrfach durchgegangen war. Alle rieten ihr, es zu verkaufen. Der Wallach hatte einen attraktiven Kopf mit großen, runden Augen, weit auseinanderstehend, und eine breite Stirn. Die Ohren waren von mittlerer Länge und standen oben weiter auseinander als unten. Die Nasenlinie war gerade. Die Nüstern waren weder zu klein noch zu groß. Die Maulspalte war durchschnittlich lang, das Kinn entspannt. Der Blick der Augen war freundlich. Das alles ließ mich vermuten, daß ihn irgendwelche körperlichen Schmerzen zu seinem Verhalten trieben. Und in der Tat – als ich beim Abtasten in die Gegend der Gurtlage kam, legte er die Ohren flach

25

zurück und sagte mir damit, daß er jede Berührung dort fürchte. Auf Befragen erfuhr ich, daß der Trainer ihn beim Einreiten hart sporniert hatte, ehe das junge Mädchen den Wallach vor zwei Monaten kaufte. Ich zeigte ihr einige Übungen, vermittels derer sie ihm die Angst vor der Berührung durch die Reiterbeine nehmen konnte und wie sie ihm, nachdem sie das Problem nun kannte, generell helfen konnte. Hätte das gleiche Pferd kleine, tiefliegende Augen und eine Ramsnase gehabt oder eine starke Wölbung zwischen den Augen oder ein knallhart verspanntes Kinn oder andere Zeichen für einen eigensinnigen, starren oder ‹sauren› Charakter, so würde ich ihr auch geraten haben, es zu verkaufen.»

Wichtig ist vor allem, daß durch eine Arbeit an der Hand, wie sie in diesem Buch geschildert wird, viele Eigenschaften geändert werden können. Ein Pferd, das vielleicht langsam lernt, kann durch geschickte Bodenarbeit und körperliche Übungen gewandter und smarter werden; Pferde, die eigensinnig und starrköpfig sind, können bereiter zum Mittun werden und dann viel Spaß machen; Pferde, die vor lauter Angst nervös und schreckhaft geworden sind, können Sicherheit und Selbstvertrauen gewinnen; durch schlechte Erfahrung bösartig gewordene Pferde können im Menschen den Freund und Kameraden wiederentdecken und die Vergangenheit vergessen.
Allein dadurch, daß sie überhaupt um diese Dinge wissen, können Pferdebesitzer zu einem besseren Verständnis ihrer Tiere gelangen und sich angewöhnen, sie als Individuen zu betrachten, ihren Regungen interessiert zu folgen und daraus wirkliche Freude beim Umgang mit ihnen zu gewinnen.

Fotobeispiele

Die folgenden Fotos mögen als Betrachtungsbeispiele dienen.

Abb. 5

Abb. 5. Ein überaus interessanter Kopf. Die schräg abfallende untere Nasenpartie und die lange Oberlippe deuten auf ein Pferd mit vielen «amüsanten Einfällen» hin. Die large Maulspalte verrät «Gefühligkeit», das lange, weiche Kinn Intelligenz. Dem widerspricht die wenig ausgebildete Kieferpartie und die Form der Augen. Mit dieser widersprüchlichen Kombination erweckt der Wallach den Eindruck großer Abhängigkeit von der Ausbildung: Er kann sich nach vielen Seiten entwickeln und sein Verhalten schnell ändern. Ein guter Trainer kann viel aus ihm machen.

Abb. 6. Eine recht schwierige Stute. Die tief am Kopf angesetzten Augen zeigen Intelligenz, ihre Ohren haben eine gute Länge und stehen nicht allzu dicht beieinander. Doch die extrem kurze Maulspalte und das wie festgesogene Kinn weisen auf eine Starrheit hin, die sie kompliziert macht. Die Besitzerin war Reitanfängerin und zu unerfahren, um die Stute zu verstehen und richtig zu behandeln. Absolut kein Anfängerpferd!

Abb. 6

Abb. 7

Abb. 7. Langes, schmales Gesicht, Augen von mittlerer Größe, hoch am Kopf sitzend (lernt nicht sehr schnell). Nüstern ziemlich eng – Zeichen mangelnder Neugier. Ohren lang und weit abstehend – verläßlich, wenn die Stute erst begriffen hat. Bei ihr braucht man Zeit und Geduld, da sie neue Ideen nicht so schnell begreift wie manche andere. Hat sie aber erst einmal richtig gelernt, so behält und führt sie ihre Lektion zuverlässig aus. Diese Eigenschaft ist oft wünschenswerter als schnelles Lernen; denn Pferde, die schnell lernen, lernen auch zu schnell Unerwünschtes. Geduldig muß man dieser Stute den Kontakt zum Menschen beibringen, ihn immer fördern; nur so kann sie sich in ihrer Individualität sicher entwickeln.

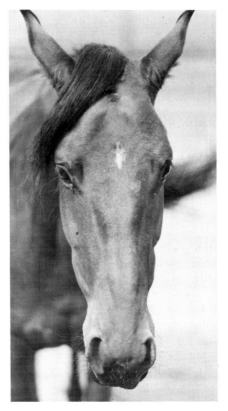

27

Abb. 8

Abb. 8. Ein wirklich interessanter Kopf, der viel Charakter verrät. Die lange Maulspalte zeigt Empfindsamkeit, die «Elchnase» Stärke. Das Nasenbein des Wallachs ist kräftig entwickelt und weist auf Mut hin. Augen und Ohren sind besonders eindrucksvoll. Der Wallach fürchtete sich vor Bewegungen hinter sich und vor dem Anziehen des Gurtes. Beides erwuchs aus der schlechten Angewohnheit, den ganzen Körper zu versteifen. Wir machten viel Körperarbeit mit ihm und brachten ihm bei, den Kopf nach hinten zu drehen und nach rückwärts zu schauen (s. a. *Heira,* S. 157). Er lernte im Handumdrehen.

Abb. 9

Abb. 9. Der Höcker unter den Augen warnt vor unvorhersehbarem Verhalten. Dieses Pferd war manchmal wirklich freundlich und kooperativ – und manchmal einfach sauer. Es hatte seinen Besitzer kräftig in die Wange gebissen und den Tierarzt aus der Weide gejagt. War man energisch und setzte sich durch, zeigte es Interesse an der Arbeit, langweilte sich aber sehr schnell. Kein Anfängerpferd.

Abb. 10. Lange, feine Nase, extrem große Nüstern mit feinen Rändern, feste Unterlippe und lange, weiche Oberlippe. Jede einzelne dieser Eigenschaften ist ein Anzeichen für ungewöhnliche Intelligenz und «Gefühligkeit». Bei der Arbeit war die Stute wundervoll, solange man sich ihr verständnisvoll zuwandte. Schlecht behandelt, war sie einfach unmöglich geworden, ehe sie zu uns kam.

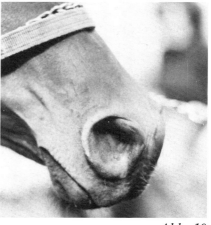

Abb. 10

4. Arbeit am Pferdekörper mit dem Tellington-Touch

Was bewirkt wird

So, wie jeder Pferdebesitzer sich mit dem Charakter seines Pferdes beschäftigen und dazu den Kopf mit all seinen Teilen studieren sollte, sollte er auch den *Körper* des Pferdes genau erkunden, um es wirklich genau kennenzulernen. Die meisten Reiter reiten ein Pferd jahrelang – und kennen es dennoch nicht.

Kennenlernen durch Abtasten

Wir aber binden unser Pferd sicher und an einem Ort an, wo es nicht abgelenkt ist, und tasten nun seinen Körper mit unseren Händen ab, wobei wir ihn gleichzeitig auch mit den Augen und einfühlender Aufmerksamkeit erforschen.

Bei diesem behutsamen Abtasten mit Handfläche und Fingern erzielen wir eine doppelte Wirkung: Zum einen entwickeln wir eine spezielle Empfindsamkeit und Feinfühligkeit unserer eigenen Tastorgane, und zum anderen entdecken wir, ob ein Muskel zu hart gespannt ist oder sich wärmer anfühlt als der übrige Körper, ob eine Sehne angelaufen oder geschwollen ist, ob Druckstellen oder kleinere Wunden zu finden sind. Eine solche Bestandsaufnahme seines Körpers läßt uns das Pferd besser verstehen; vielleicht entdecken wir sogar Schmerzzonen, von denen wir keine Ahnung hatten. Dazu variieren wir den Druck der Fingerspitzen (S. 34). Manche Pferde geben zum Beispiel auf einen harten Druck in der Lendengegend oder auf den Hals kein Schmerzzeichen von sich, reagieren jedoch auf leichten Druck überaus empfindlich – werfen den Hals hoch, zucken mit den Rückenmuskeln oder springen gar seitlich weg. Unarten, die wir für «angeboren» halten (oder die es auch sind), wie etwa ein zu heftiges Temperament, Bösartigkeit, Buckeln, Kopfschlagen, Durchgehen oder ständige nervöse Rastlosigkeit sind oft *schmerz*bedingt und verursacht durch Verspannungen im Bereich des Halses, des Rückens, der Hüften und so weiter.

Auch wenn ein Pferd beim Aufsitzen mit der Hinterhand einknickt oder schon beim Putzen oder Satteln den Rücken nach unten wegdrückt, stets im Kreuzgalopp galoppiert oder beim Angaloppieren durchzugehen versucht oder mit der Hinterhand wegrutscht, oder wenn die Muskeln an Widerrist und Rücken zucken, sind fast immer *Schmerzen* die Ursache. Ihren genauen Ausgangspunkt zu ergründen, gelingt vielfach schon dem Laien durch das erwähnte aufmerksame Abtasten des gesamten Körpers.

Natürlich gelingt das nicht gleich beim ersten Mal: Die Sensibilität der

Hände und das Hinsehen der Augen auf kleinste Reaktionen müssen ein wenig geschult werden. Es bedarf des längeren Ausprobierens und einer sehr unvoreingenommenen Einstellung, um mit der Zeit zu erkennen, welche Reaktion normal, welche anormal ist.

Um auf diese Weise sein Pferd kennenzulernen, bedarf es jedoch keiner exakten Kenntnis seiner Anatomie oder Bemuskelung, wenn es auch immer interessant ist, sich ein Skelett anzusehen und mit der Zeit zu lernen, wo die einzelnen Knochen liegen. (Im Anfang kann es eher hinderlich sein, sich all dies einzuprägen; wirksamer ist es, ein intuitives Verständnis für das Pferd zu gewinnen; es kann uns eine Menge über sich sagen.)

Wohlgefühl auslösen

Über das Aufspüren von Schmerzen hinaus hat die Arbeit am Körper einen weiteren lohnenden Effekt: Sie macht uns bewußt, daß wir in unseren Händen ein Werkzeug besitzen, das man dem Pferd zur Freude anwenden kann. Wir haben das Pferd seiner Natur weithin entfremdet und nutzen es zu unserem Vergnügen; da ist es gut zu wissen, daß wir auch etwas zu seinem Vergnügen tun können. Wer Pferde in der Herde beobachtet, sieht, wie sie gern dicht beieinander stehen und sich gegenseitig «Massieren», indem sie einander mit den Zähnen an Hals, Widerrist, Rücken und Kruppe kratzen. Ein wenig dieser erfreulichen Behandlung können wir leicht mit unseren Händen nachvollziehen.

Ein wohlerzogenes Pferd soll ganz ruhig dastehen, wenn es geputzt oder sonstwie am ganzen Körper berührt wird, einschließlich der Augen, Ohren, Nüstern, Lippen, des Maules, der Brust, der Schultern und des Widerristes, des ganzen Rückens und der Lenden, der Gurtzone, des Bauches, des Gesäuges oder Schlauches, der gesamten Hinterbeine und der Unterseite des Schweifes. Doch die meisten Pferde haben Stellen, an denen sie sich nicht gern anfassen lassen: Sie zeigen deutlich Nervosität oder Unwillen, spannen die Muskeln an, treten rückwärts oder zur Seite, schlagen aus – und wir übersehen häufig die tatsächliche Bedeutung dieser Anzeichen oder kennen sie gar nicht. *Ein Pferd aber hat nur diese «Sprache» der Bewegungen und Reaktionen, um uns zu sagen, daß etwas nicht stimmt.*

Tritt etwa ein sonst freundliches Pferd beim Putzen ständig unruhig herum oder versucht es gar zu schnappen, so möchte es uns damit auf etwas hinweisen: vielleicht auf eine kleine Wunde im Fell, eine Schwellung im Sattelbereich – oder auch nur darauf, daß wir zu grob vorgehen. Pferde, die sich nicht gern auf dem Rücken bürsten oder striegeln lassen, sich stets der Berührung entziehen oder gar zu zittern beginnen, möchten uns sagen, daß der ganze Rücken wehtut. Manche Pferde können keine Berührung im Bereich des Bauches oder der Innenschenkel vertragen – sie sind wahrscheinlich von Natur aus kitzlig oder überempfindlich; ihr Verhalten ist dann rein reflektorisch.

Vertrauen erwerben

Die meisten Pferde haben es auch nicht gern, wenn man sie am Kopf anfaßt – im Bereich der Nüstern, Lippen, Augen: ebensowenig wie wir Menschen es mögen, daß uns Fremde im Gesicht herumfahren. Um sich über Berührungen in diesem sehr «privaten» Körperbereich zu freuen, muß man einander gernhaben und vertrauen. Genauso ist es beim Pferd: Erst wenn es uns vertraut und gernhat, mag es die Berührung unserer Hände. Gefällt ihm unser Streicheln aber erst einmal, so haben wir zum einen eine neue, ganz spezielle Beziehung hergestellt, zum anderen es auch darauf vorbereitet, sich anfassen zu lassen, wenn die Zähne geraspelt werden müssen, der Tierarzt eine Sonde einführen will, eine Spritze gesetzt oder ihm ins Maul geschaut werden soll, wenn wir ein Wurmmittel verabreichen. Es weiß dann, daß wir in verständiger und vorsichtiger Weise vorgehen.

Das Feldenkrais-Modell der Gehirnaktivierung

Wie aber erringt man die Zuneigung seines Pferdes so weit, daß es sich überall anfassen läßt? Wie kann man ihm helfen, wenn man festgestellt hat, daß ihm irgendwo etwas wehtut? Ist man als Laie dazu überhaupt in der Lage?

Diese Fragen stellten wir uns seit Jahren, und bis vor kurzem versuchten wir, sie durch einfache Erziehungsmaßnahmen am Boden oder unter dem Sattel zu lösen; wir erprobten neue Pflegemittel, neue Sättel, andere Gebisse und erzielten damit auch überraschende Erfolge. Aber irgendwie war das alles zu stark an das Können und Wissen des einzelnen Ausbilders gebunden, hing die Wirkung von der Erfahrung professioneller Trainer ab, es konnte nicht methodisch nachgeahmt werden. Mehrere Jahre arbeiteten wir in der praktischen Arbeit und theoretischen Überlegungen zusammen, mit wachsender Intensität, nachdem Linda bei Dr. Feldenkrais studiert hatte und von da dann ganz neue Erkenntnisse mitbrachte.

Die Thesen des weltweit bekannten Wissenschaftlers lauten:

daß unser Gehirn – auch in Bezug auf Körperempfindung und Körperbewegungen – stark auf einmal Gelerntes fixiert, quasi programmiert bleibt –

daß der Teil des Gehirns, der den Bewegungsmechanismus steuert, nur mit den Informationen arbeitet, die er in dieser Weise parat hat; er sucht sich selbst keine neuen Informationen –

daß er jedoch fähig und bereit ist, neue Informationen zu benutzen, wenn er damit konfrontiert wird,

das heißt: daß er auf nicht-gewohnheitsmäßige Stimulationen (empfangene Informationen) mit neuen Impulsgebungen (ausgesendeten Informationen) reagiert.

Oder in einem stark vereinfachten Bild:

Der Mensch benutzt zu wenige seiner vorhandenen Gehirnzellen wirklich.

Es ist jedoch möglich, wesentlich mehr davon zu aktivieren, wenn der Körper

auf neue, ungewohnte Weise berührt beziehungsweise manipuliert wird, oder nicht-gewohnheitsmäßige Bewegungen ausführt.

Was für Menschen gilt und durch die Praxis erwiesen ist, hat sich auch bei Pferden als gültig gezeigt. Wir beschäftigen uns in diesem Kapitel zunächst mit der neuen, dem Pferd ungewohnten Form von Berührung: Wenn und wo immer man Pferde auf neue Weise berührt, werden neue Hirnzellen angesprochen und neue Reaktionen ausgelöst.

Ein Beispiel möge für viele stehen:
Immer wieder begegnet man Pferden, die sich seit Jahren nicht mehr an die Ohren fassen lassen; manchmal geht das so weit, daß zum Aufzäumen das Kopfstück auseinandergeschnallt werden muß. Die Besitzer haben meist gelernt, irgendwie damit fertigzuwerden. Manchmal wurden die Ohren vom Tierarzt genau untersucht, ohne daß Krankhaftes gefunden wurde. Beginnt man an diesen Pferden mit dem im folgenden dargestellten, auf dem Feldenkrais-Modell beruhenden Telling-on-Touch zu arbeiten, so stellt sich fast immer heraus, daß sie auch im Genick und im Nacken hinter den Ohren sehr empfindlich sind. Die Erfahrung lehrt, daß man meist innerhalb einer halben Stunde das Ohr berühren kann, wenn man weit unten am Hals (manchmal schon auf dem Rücken) beginnt, sich mit knetenden Bewegungen der Finger langsam am Hals entlang zum Genick vorzuarbeiten. Oft kann man nach dieser kurzen Zeit schon die Gegend um die Ohren herum sanft massieren, ja, diese selbst in die Hand nehmen und weich nach oben ziehen und leichte Drehbewegungen mit ihnen machen. Das Problem liegt nur selten in oder an den Ohren selbst, sondern im Genick, genau dort, wo die Nackenbänder am Kopf befestigt sind.

Linda berichtet: «Sicher wurde ich mir dessen, als ich in Toronto einmal mit einem gut geschulten Dressurpferd arbeitete, das sich an den Ohren nicht anfassen ließ. Es schüttelte den Kopf und versuchte, sich loszureißen, wenn man es nur ganz leicht im Genick berührte; ebenso reagierte es, wenn man es auf dem Halskamm oder am Widerrist berührte. Nach weiterem Erproben wurde mir dann klar, daß das Ohrproblem mit dem Band zu tun hatte, das vom Schädel aus entlang dem Halskamm und über dem Widerrist in den Rücken verläuft. Nachdem das einmal ganz konkret begriffen war, begann ich dieses Gebiet sehr vorsichtig zu behandeln und konnte (nachdem auch das Pferd verstanden zu haben schien, daß ich den Zusammenhang begriffen hatte) nach knapp 30 Minuten Genick, Hals und Ohren problemlos anfassen. *Auch der Besitzer hatte keine Mühe mehr damit, nachdem ich ihm gezeigt hatte, was zu tun war.»*

Der Tellington-Touch

Aufgrund vieler Erfahrungen und jahrelanger gemeinsamer Bemühungen entstand etwas, das wir den «Tellington-Touch» nannten – eine Form der Berührung (engl. «touch» = Berührung) von Körper, Kopf und Fell, die sich an den Lehren des Dr. Feldenkrais für Menschen orientieren; durch diese noch ausführlich zu schildernden vielfachen und vielschichtigen Berührungen der Menschenhand am Pferdekörper entsteht eine Behandlung differenziertester Art, die mit der bekannten Haut- und Muskelmassage wenig gemein hat.

Der wesentliche Unterschied wird dabei durch die *Absicht* bestimmt. Das allgemeine Ziel der traditionellen Massage ist es, die Blutzirkulation anzuregen und die Muskeln zu entspannen, was in vielen Fällen sehr hilfreich ist, jedoch genaue anatomische Kenntnisse voraussetzt. Wird nämlich ein verspannter Muskel zu hart oder falsch massiert, fühlt sich der Körper bedroht, und die betreffende Stelle schmerzt hinterher mehr als vorher.

Das grundlegende Ziel des Tellington-Touches hingegen ist es, mit sanftesten Anwendungen, die keine nachteiligen Folgen haben können, Gehirnzellen zu aktivieren und damit neue Nervenimpulse auszulösen, um Gesundheit, Leistung und Selbstsicherheit des Pferdes – auch die des Menschen (s. S. 34) – zu verbessern und das Verständnis zwischen beiden zu erhöhen. Aus letzterem Grunde insbesondere ist es wichtig, daß der Reiter und Besitzer die Übungen selber durchführt.

Außer den auf Feldenkrais basierenden Körperberührungen wurden in das schließlich zur Nachahmung für jedermann erarbeitete Schema auch einige leicht zu erlernende Akupressur-Anwendungen eingebaut sowie eine der in der Mongolei seit Jahrhunderten erprobten Chua-Ka-Bewegungen.

Von der Arbeit mit dem Tellington-Touch profitiert jedes Pferd, gleich welchen Alters und Ausbildungsstandes.

Positionen der Hände für den Tellington-Touch
Es gibt vier Grundmöglichkeiten, die Hände am Pferdekörper einzusetzen:

1. Man benutzt die flache Hand, um Spannungen zu lösen, Ängste abzubauen sowie auch um die gesamte Zirkulation zu verbessern.

2. Man stellt den Kontakt zum Pferdekörper mit zur Kuppe gebogenen und sanft zusammengehaltenen Fingern her: drückt vorsichtig, bewegt Haut und Muskeln in einem kleinen Zirkel von ca. 1/2 cm Durchmesser und läßt fließend wieder los.
   Die Stärke des Druckes hängt von der Sensibilität des Pferdes ab und davon,
   ob wir nach Schmerz- und Verspannungsfeldern suchen;
   ob wir den Touch anwenden, um Spannung, Schmerz und Entzündungen zu lösen, beziehungsweise zu lindern;

ob wir neue Nervenimpulse auslösen möchten, um dem Pferd ein erweitertes Bewußtsein einer bestimmten Körpergegend zu vermitteln, zwecks Verlängerung von Bewegungen oder zur Steigerung der Leistung.

3. Man «klatscht» mit der leicht gewölbten Hand den gesamten Körper ab. Das geschieht vor allem vor Schauen und Vorführungen, um nach einer vorangegangenen Behandlung gemäß 2 die Blutzirkulation anzuregen. Gewöhnlich beginnt man damit an den kräftiger bemuskelten Körperteilen wie Kruppe oder Oberschenkel. In der Rippengegend, an Schulter und Nacken klatscht man sanfter, und noch sachter dann auf Rücken und Lenden. Man beobachtet genau, wie dem Pferd diese Behandlung nach einigen Minuten gefällt und reguliert die Stärke der Schläge danach. Hält es die Luft an und verspannt es sich, ist die Behandlung wertlos.
Es erstaunt oft, zu sehen, wie ein sehr nervöses Pferd, das nicht einmal beim «Touch 1» stillsteht, dieses leichte Klatschen genießt und sich dabei entspannt.

4. Hautrollen oder Chua-Ka: Dazu braucht man beide Hände, um die Haut in geraden Linien vor den Daumen wegzurollen. Gewöhnlich beginnen wir damit, lange Linien von der Gurtgegend weg auf die Flanke zuzurollen – parallel zum Rücken, indem wir auf der Rumpfmitte anfangen und dann je zwei Linien ober- und unterhalb dieser Grundlinie rollen. Wir fahren dann quer über die Schulter fort, den Nacken hinauf und hinab und schließlich die Hinterbeine hinauf (das gibt ein sichereres Gefühl bei der Bewegung.)
Dieses Hautrollen wird seit altersher bei den Mongolen angewandt; es wirkt belebend und bricht eingefleischte Verspannungsmuster.
Wendet man diese vier Grundpositionen an, so achte man genau auf die eigene Atmung und auf die Position des eigenen Körpers. Wie bei Tieren ist es auch bei Menschen normal, bei Konzentration den Atem anzuhalten. Das ist jedoch nicht gut. Atmet man bewußt einige Male tief durch, wird man bald feststellen, daß man damit auch die Atmung des Pferdes verbessert. Außerdem vermindert sich unsere Fühlfähigkeit, wenn wir uns bei angehaltenem Atem verspannen. Am besten steht man locker da, das Gewicht ein wenig nach vorn über die Ballen verlagert, und ohne die Knie zu schließen.

Mit zunehmender Übung wird man sich einzelner Teile auch des eigenen Körpers bewußter, während man am Pferd arbeitet, und dieses verstärkte Körperbewußtsein trägt durchaus auch zu verstärktem Selbstbewußtsein und besserer Gesundheit bei.

Wie stark ist der Druck beim Tellington-Touch?
Um uns klarzumachen, wie stark der Druck sein kann und darf, stellen wir uns im Geiste eine Skala von 1–10 vor, die wir dann unterschiedlich anwenden.

Um einen Begriff von *Stärke 1* zu bekommen, legen Sie Zeige- und Mittelfinger so sacht wie nur möglich an ein Augenlid – gerade soviel, um Kontakt zu haben. Machen Sie dann 5 oder 6 Kreise, indem Sie mit den Fingern die Haut des Lides bewegen (nicht darüberweg gleiten). Um das Gefühl dabei zu verbessern, stützen Sie den Daumen auf der Wange ab und legen die Innenseite des Oberarms lose an den Körper. Nachdem Sie diese leichtestmögliche Berührung «durchempfunden» haben, berühren Sie mit den Fingern Ihren Arm mit der gleichen Druckstärke.

Dann berühren Sie das Lid bitte so fest Sie können, ohne daß es wehtut, und drücken jetzt mit gleicher Stärke Ihren Oberarm. Das ist *Stärke 3*.

Nun drücken Sie den Oberarm dreimal so fest, und bewegen Sie die Haut des Arms (nicht des Augenlids!) in Kreisen mit gleichem Druck. Das ergibt *Stärke 9-10*.

Die dazwischenliegenden Stärkegrade können Sie nun selbst leicht gefühlsmäßig ermitteln.

Einige allgemeine Hinweise

Vor der eigentlichen Arbeit noch ein paar nützliche Hinweise:

Pferde mögen es meist nicht gern – wir sprachen bereits davon –, wenn man sie intensiv am Kopf berührt. Man beginnt deshalb am Körper, und zwar an einer Stelle, die dem Pferd zu sehen ermöglicht, daß man ihm nicht wehtun will: etwa am vorderen Rücken gleich hinter der Schulter. Von dort arbeitet man zum Bauch hinunter und quer nach hinten zur Hüfte, wobei man die Reaktionen auf die einzelnen Handgriffe beobachtet. Kommt man durch, wird das Pferd bald kauen, die Lippen lecken, tief atmen, Kopf und Hals fallenlassen. Meist bemerkt man positive Reaktionen schon, wenn man am Bauch arbeitet, aber am meisten akzeptiert und genießt es die Behandlung, wenn man beim Hals ankommt. Eine Weile dauert es schon, bis das Vertrauen in die fremden Berührungen hergestellt ist; bei manchen Pferden lernt man auf diese Weise Geduld ...

Geht man zu hastig vor, fühlt das Pferd sich unbehaglich und hebt den Kopf. Bewegt es sich von einem fort, wird man leichter in der Hand und führt sie ein wenig weiter am Körper entlang. Ein Pferd, das Schmerzen hat oder verspannt ist, entzieht sich an jener Stelle der Berührung. Machte man trotzdem dort weiter, so würde es noch mißtrauischer werden; man arbeitet also statt dessen in enger werdenden Zirkeln um diese Stelle herum. Dressurpferde haben oft besonders starke Schmerzen im Genick, an jener Stelle also, die sie bei zunehmender Versammlung hoch und gespannt halten müssen; Springpferde haben oft Schmerzen im Bereich der Brust und zwischen den Vorderbeinen. Arbeitet man um diese Stellen herum, so hilft es dem Pferd, die schmerz-veranlaßte Verspannung sozusagen zu verflachen, Streß auf eine größere Fläche zu verteilen, zu lösen.

Während man den Körper des Pferdes so auf beiden Seiten bearbeitet hat, hat es sich an die Bewegungen der Hand gewöhnt und begonnen, sie zu akzeptieren; gleichzeitig entwickelte sich unser Gefühl dafür, wie empfindsam es ist und wie stark der Druck sein darf beziehungsweise sein soll. Nun kann man sich den empfindlicheren Stellen zuwenden.

Wer dies alles ruhig bedenkt und vorsichtig auszuprobieren beginnt, mag nicht in der Lage sein, sein Pferd schnell von allem Möglichen zu heilen – bestimmt aber kann er ihm große Erleichterung verschaffen; auf alle Fälle wächst das Vertrauen zwischen ihren beiden gewaltig.

Lassen wir uns nun den Tellington-Touch im einzelnen von Linda vorführen.

Der Arbeitsablauf in Fotos

Abb. 11. Ich lege meine Hände, etwa 10 cm weit auseinander, flach auf die Haut und bewege sie sanft nach unten und aufeinander zu. Ich möchte dem Pferd nicht wehtun durch Quetschen oder Drücken; ich möchte nur die Stellen unter meinen Händen «beleben». Oder ich plaziere die Hände wie vorher und lasse einen weichen Druck vom Handballen hinauf in die Fingerspitzen gleiten. Die meisten Pferde sprechen auf die eine oder andere Methode an.

Abb. 11

Abb. 12

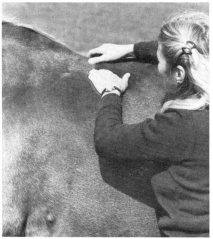

Abb. 12. Ignoriert das Pferd mich trotzdem noch, runde ich die Fingerspitzen und schiebe sie fester in die Haut, ohne die Nägel einzudrücken.

Abb. 13. Ist das Pferd ganz besonders unempfindlich gegen diese Bewegungen, klatsche ich mit der flachen Hand in leichten, rhythmischen Schlägen, zuerst mit der einen, dann mit der anderen Hand. Auf diese Weise arbeite ich meist nur auf der Kruppe, für die viele unempfindliche Pferde kaum noch ein wirkliches Körpergefühl haben.

Abb. 13

Der Rücken

Abb. 14. Ich stelle mich so hin, daß ich den Pferderücken anschaue. Ich habe gelernt, daß den meisten Pferden der Rücken wehtut, ganz gleich, welche Arbeit sie leisten. Deshalb überwache ich die Reaktionen auf meine Handbewegungen sehr sorgfältig.

Abb. 14

Abb. 15. Ich lege meine Hände über die Wirbelsäule direkt hinter den Widerrist und drücke meine Fingerspitzen in die Haut mit sanften schiebenden und ziehenden Bewegungen. Wenn das Pferd keine Schmerzen hat, wird sich sein Rücken nicht bewegen; aber Sie können sehen (deutlich, wenn Sie vergleichen, wieviel weniger in Abb. 14 von meinem Gesicht sichtbar ist), daß sich der Rücken des Pferdes um einige Zentimeter gesenkt hat.

Abb. 15

Abb. 16. Wenn ich auf eine schmerzhafte Stelle stoße, nehme ich meine Hände einige Zentimeter davon weg. Ich merke mir die Grenzen der schmerzenden Stelle, so daß ich sie umgehe, wenn ich zum Rückgrat zurückkomme, nachdem ich den übrigen Körper behandelt habe. Wenn das Pferd positiv reagiert, werde ich mich stufenweise an die schmerzende Stelle heranarbeiten, aber ich berühre sie nicht, ehe das Pferd dazu bereit ist.

Abb. 16

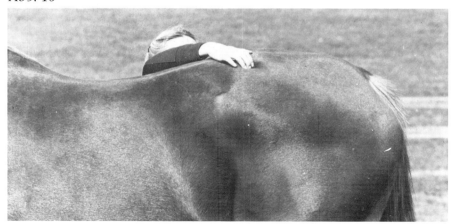

Der Hals
Abb. 17. Sein Instinkt lehrt das Pferd, den Kopf hochzuhalten, damit es schnell fliehen kann; es wird seinen Hals nicht entspannen, bevor es Vertrauen hat. Ich beginne mit einer einfachen Biegungs-Übung. Ich lege eine Hand an das Nasenband des Halfters und die andere an seinen Hals. Langsam drehe ich seinen Kopf zu mir herum.

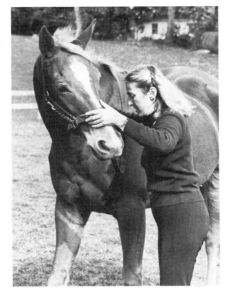

Abb. 17

Abb. 18

Abb. 18. Ich wiederhole die Bewegung auf der anderen Seite. Eine der beiden Seiten wird steifer als die andere sein; das Pferd wird seinen Kopf hochnehmen, wenn es sich unbehaglich fühlt. Wenn sich das Pferd widersetzt, biege ich es noch einmal in die leichtere Richtung. Dann gehe ich zu der steiferen Seite zurück und drehe seinen Kopf nur so weit, wie es ihm selbst angenehm ist. Ich achte sehr darauf, daß ich den Hals nicht drücke oder es in irgendeiner anderen Weise zwinge.

Abb. 19. Wenn seine Zufriedenheit zunimmt und es sich zu entspannen beginnt, wird es auch biegsamer.

Abb. 19

Abb. 20. Als nächstes gehe ich an den Halskamm. Ich beginne so nah wie möglich an den Ohren, ohne das Pferd zu beunruhigen. Ich lege meine Hände über den Kamm, so daß meine Fingerspitzen auf der einen Seite des Halses sind und meine Handballen auf der anderen.

Abb. 20

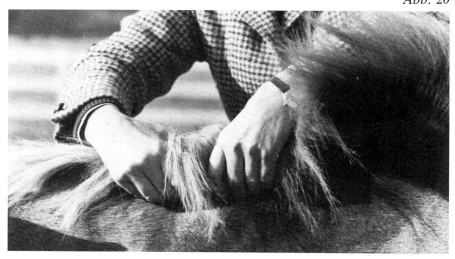

Abb. 21. Ich drücke meine Fingerspitzen nach unten und rolle den Halskamm mit den Handballen gegen sie. In dieser Weise bearbeite ich den Hals auf und ab, bis mir das Pferd durch langsames Atmen und durch zufriedenen Ausdruck zeigt, daß es entspannt ist.

Abb. 21

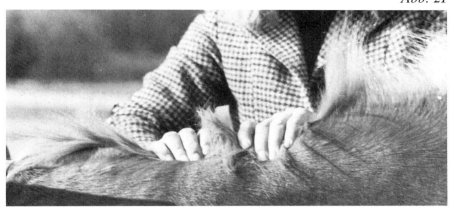

Abb. 22. Reagiert das Pferd beim Berühren hinter den Ohren übersensibel, lege ich eine Hand flach auf die Stirn und die andere direkt hinter die Ohren unterhalb der Mähne. Ich bündle meine Finger, drücke sie in den Hals und bewege sie im Kreis. Diese Bewegung hat meistens einen hypnotischen Effekt. Nur selten mißlingt es, das Pferd dazu zu bringen, seinen Kopf zu senken und meine Hand auf seiner Mähne zu akzeptieren.
Für ein Pferd, das eine tödliche Angst vor dem Mähne-Verziehen hat, füge ich noch einen anderen Schritt hinzu. Ich gehe mit meinen Fingern durch die Mähne und ziehe sie dabei sanft nach unten, um sein Nervensystem dazu zu erziehen, den Zug an den Haarwurzeln zu akzeptieren.

Abb. 22

Abb. 23. Ich mache auf der Halsseite weiter und baue auf der Entspannung, die ich hergestellt habe, auf. Zuerst lege ich eine Hand sanft gegen die Luftröhre, um das Pferd zurückzuhalten, während meine andere Hand den Hals mit leichtem, rhythmischem Druck meiner Fingerspitzen untersucht. Dann arbeite ich auf beiden Seiten gleichzeitig. Ich drücke gegen die Haut und gehe dabei leicht nach unten, so weit meine Arme reichen. Ich beende diese Übung mit energischem Schütteln, um den Hals vor einer eventuellen Steifheit zu bewahren. Dazu lege ich eine Hand über den Halskamm und die andere um die Luftröhre und schüttele den Hals von einer Seite zur anderen.

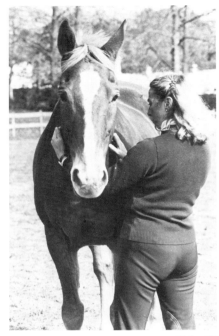

Abb. 23

Abb. 24

Hautrollen

Abb. 24. Das Hautrollen ist eine leichte Übung, die das Pferd am ganzen Körper genießt. Ich beginne damit, eine Hautfalte vorsichtig zwischen Daumen und die anderen Fingerspitzen zu nehmen, und zwar zuerst auf dem Rumpf über den Rippen.

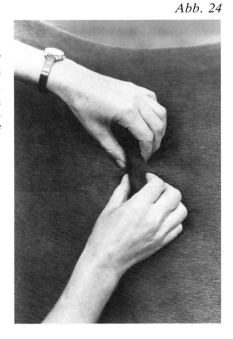

Abb. 25. Dann schiebe ich mit dem Daumen die Haut in Richtung Kruppe während ich mit den Fingerspitzen vorwärtsgehe. Dieses Vorgehen wiederhole ich über den ganzen Rumpf, den Hals, die Kruppe und die Hinterbeine – überall da, wo ich loses Fell finde.

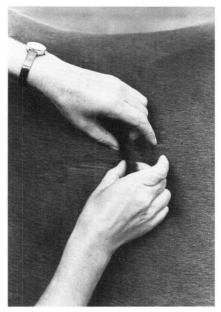

Abb. 25

Abb. 26

Abb. 26. An einigen Stellen – wie etwa der Brust eines stark bemuskelten Pferdes – ist es fast unmöglich, die Haut abzuheben. Ich mache dann einen Kompromiß insofern, als ich ganze Muskelpartien fasse und so gut es geht bewege.

Das Gesicht
Abb. 27. Wenn das Pferd nicht sehr kopfscheu ist, arbeite ich als nächstes an seinem Gesicht. (Wenn es hier besonders sensibel ist, hebe ich mir diesen Teil bis zum Schluß auf.) Ich beginne mit den Dingen, die es am liebsten mag. Ich lege meine Hände flach gegen beide Seiten seines Gesichtes, wobei ich mit meinem Daumen seine Nüstern berühre. Dann reibe ich aufwärts und abwärts mit kräftigen, aber sanften Bewegungen. Wenn die linke Hand nach oben geht, geht die rechte nach unten und umgekehrt.

Abb. 27

Abb. 28. Dann lege ich eine Hand flach gegen seine Oberlippe und bewege sie mit sanftem Druck zunächst im Kreis und dann auf und ab.

Abb. 28

Abb. 29. Ich halte seinen Kopf mit einer Hand auf seinem Nasenrücken und führe die andere Hand über sein Zahnfleisch, gleich unter seiner Lippe. Ich reibe hin und her und auf und ab, und dann gehe ich mit meinem Daumen überall über die Innenseite seiner Unterlippe.

Abb. 29

Abb. 30. Zum Schluß wölbe ich meine Hand um das innere Zahnfleisch und reibe es hin und her.

Abb. 30

Abb. 31. Als nächstes lege ich eine Hand auf seine Stirn kurz über seinen Augen und führe mit den Fingerspitzen meiner anderen Hand die kreisenden Bewegungen durch, die ich schon beschrieben habe. Mit dieser Bewegung verstärke ich sein Vertrauen, bevor ich seine Ohren berühre. Es senkt seinen Kopf, es lauscht. Wir arbeiten wie ein Team.

Abb. 31
Abb. 32

Abb. 32. Ich lege eine Hand flach auf das Gesicht des Pferdes, wölbe die andere rund um den Ansatz eines seiner Ohren und ziehe sie sanft zur Ohrspitze hinauf. (Wenn ich feststelle, daß die Ohren innen verkrustet sind, merke ich mir dies, um sie später zu behandeln. Diese Krusten machen das Ohr unnötig sensibel.)

Abb. 33

Abb. 33. Wenn mein Pferd vollständig entspannt ist, entferne ich das Halfter und mache weiter. Ich entferne diese letzte Barriere gerne, sobald das Pferd konzentriert ist. Berührt zu werden, ohne gleichzeitig festgebunden zu sein, gibt ihm ein neues Gefühl der Zufriedenheit. (Wenn Sie Ihr Pferd gut kennen, können Sie das Halfter auch früher entfernen.)

Abb. 34. Danach ziehe ich die Ohren nach unten und drehe jedes Ohr in Kreisbewegungen, von denen ich weiß, daß Pferde sie mögen. Ich kann an der Art, wie weit das Pferd seinen Kopf nach unten nimmt, seine Augen schließt und seufzt, erkennen, wie wirkungsvoll dies ist.

Abb. 34
Abb. 35

Abb. 35. Das Pferd mag das Hautrollen auch in seinem Gesicht. Ich lege dazu einen Arm unter seinen Kiefer, um seinen Kopf ruhigzustellen, und rolle mit der anderen Hand die Haut, so wie ich es am Körper tat. Ich lasse meine Finger über sein Gesicht wandern, über seine Nase und über seine Wangen.

Abb. 36. Dann halte ich seinen Kopf ruhig und untersuche sein Gesicht und seine Augenlider mit meinen Fingerspitzen. Dabei übe ich einen sanften, aber festen Druck aus.

Abb. 36

Der Schweif

Abb. 37. Ich hebe den Schweif an und schiebe ihn von meinem Körper weg nach oben und drehe ihn erst in die eine, dann in die andere Richtung.

Abb. 37

Abb. 38. Dann bewege ich jeden Wirbel hinauf bis zum Schweifansatz, indem ich meine Handgelenke vor und zurück kreisen lasse, um den Schweif sanft zu biegen, zunächst weg von meinem Körper, dann zu ihm hin.

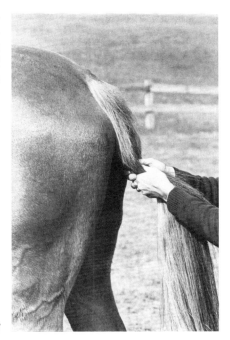

Abb. 38

Abb. 39. Schließlich halte ich den Schweif etwa 30 cm von seiner Wurzel in beiden Händen und schaukele ihn sanft nach hinten. Ich lehne mich dabei nur wenig zurück. Denn sonst würde ich dem Pferd wehtun.

Abb. 39

Die Beine

Ich beende meine Erforschung des Pferdekörpers damit, daß ich mit seinen Beinen arbeite. Ich beginne mit vertrauten Bewegungen, indem ich seine Beine nach vorne und nach hinten strecke.

Ich ziehe zuerst das Vorderbein nach vorne und strecke es vom Pferdekörper weg.

Abb. 40

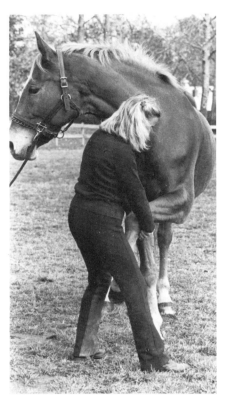

Abb. 41

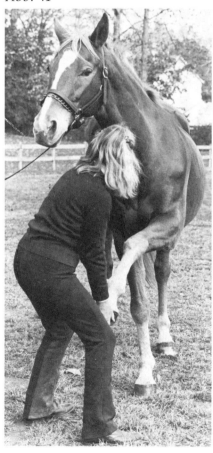

Abb. 40. Dann lege ich meine Hände direkt hinter das Karpalgelenk und schwinge das Unterbein von einer Seite zur anderen...

Abb. 41. und dann quer vor den Körper.

Abb. 42. Ich biege das Bein im Karpalgelenk und ziehe es ein kleines bißchen nach hinten.

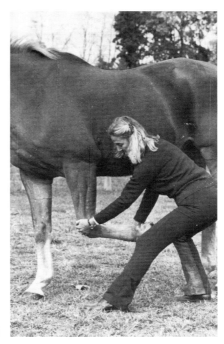

Abb. 42

Abb. 43

Abb. 43. Zum Schluß stelle ich jedes Vorderbein sanft auf den Boden, und zwar so, daß nur die Fußspitze die Erde berührt. Diese Haltung lehrt das Pferd, sein Gleichgewicht beizubehalten und seine Schultern zu entspannen.

Abb. 44. Ich wiederhole diesen Ablauf mit den Hinterbeinen. Zuerst ziehe ich jedes Bein nach hinten heraus, um dem Pferd zu helfen, es zu strecken. Dabei gebe ich gut acht, das jeweilige Bein nur nach außen zu führen, nicht jedoch zu ziehen.
Man hält das Bein ziemlich tief. Zieht man das Bein zu weit nach hinten oben, kann das Schmerzen im hinteren Teil des Rückens verursachen

Abb 44

Abb 45

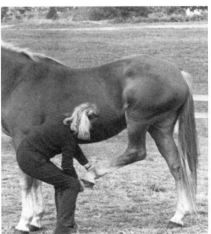

Abb. 45. Dann ziehe ich das Bein nach vorne und bewege es von einer Seite zur anderen.

Abb. 46

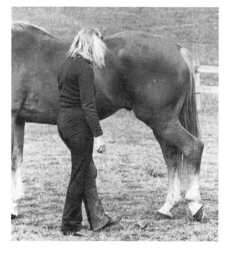

Abb. 46. Zum Schluß setze ich seine Zehen auf den Boden. Die streckenden Übungen helfen ihm, sich zu entspannen und im Unterbewußtsein zu erkennen, daß es seine Schritte verlängern kann; diese letzte Übung verbessert sein Gleichgewicht.

Nachdem ich nun den gesamten Körper des Pferdes bearbeitet habe, hat es ein neues Eigenbewußtsein bekommen. Es ist entspannt, und es hat mir seine Aufmerksamkeit geschenkt. Es ist sich seiner einzelnen Körperteile bewußter geworden.

Zusammenfassung

Die Behandlung mit dem Tellington-Touch ist eine völlig neue Methode zur Beeinflussung von Pferden, der die folgenden Gedankengänge zugrunde liegen:
Jede Reaktion, jede Bewegung ist Ergebnis einer Kette von Ursachen und Wirkungen. Ein Eindruck bewirkt, zum Beispiel, Erschrecken – das Gehirn befiehlt Flucht: Die Gliedmaßen bewegen sich, weil ihre Knochen sie in Bewegung setzen; die Knochen bewegen sich, weil die an ihnen angewachsenen Muskeln sie bewegen; die Muskeln bewegen sich, weil das Gehirn es ihnen befiehlt.
Die geschilderten Bewegungen der Hände auf dem Pferdekörper beeinflussen diesen Ablauf. Sie geben dem Gehirn neue, nicht-gewohnheitsmäßige Signale, die das Gehirn in nicht-gewohnheitsmäßige Nervenimpulse und damit in nicht-gewohnheitsmäßige Reaktionen umsetzt.

Das hat im einzelnen den Sinn:
● das Pferd zu lehren, seinen angeborenen Fluchtinstinkt zu überwinden und ihn durch Vertrauen zu ersetzen;
● Verspannungen im Körper aufzufinden und zu lösen;
● eine besondere, wortlose Kommunikation zwischen Pferd und Mensch herzustellen;
● dem Pferd mehr Selbstsicherheit zu geben;

verstärkt dann durch die im folgenden Kapitel dargestellte Arbeit am Boden:
● seine Lernfähigkeit zu fördern und zu stärken;
● Streß-Überreaktion zu verhindern (auch beim Sportpferd);
● die Schritte zu verlängern und Bewegung und Balance zu koordinieren (auch beim Schau- und Leistungspferd);
● das junge Pferd auf den Druck von Sattel, Geschirr und Reitergewicht vorzubereiten;
● schließlich – was eigentlich am Anfang stehen müßte, da es als vertrauensbildendes Tun für alles andere die Grundlage ist: dem Pferd auch einmal etwas Gutes zu tun!

5. Arbeit am Boden
nach der Tellington-Methode – T.E.A.M.

Wie T.E.A.M. entstand

T.E.A.M. ist ein neuer Begriff in der Hippologie, der sich weltweit durchsetzt. Er hat dreifache Bedeutung.

1. Bedeutet T.E.A.M: «Tellington-Jones Equine Awareness Movement», was übersetzt etwa heißt: «Bewegungen und Übungen nach Tellington-Jones, die das Pferd sich seiner selbst bewußter machen.»*

2. T.E.A.M. bedeutet sodann, daß diese Übungen im Team, in der engen Partnerschaft von Mensch und Pferd, durchgeführt werden.

3. T.E.A.M. bedeutet schließlich die Zusammenarbeit als Team aller jener, denen daran liegt, den Gedanken der Partnerschaft zwischen Mensch und Pferd zu verbreiten.

Linda sagt dazu:
«Das T.E.A.M.-Programm wurde an einem wunderschönen San Francisco-Sommertag im Jahre 1975 geboren, als ich einer Vorlesung von Dr. Moshe Feldenkrais lauschte. Ich war zu jener Zeit schon über 20 Jahre professionelle Reitlehrerin und Pferdetrainerin gewesen und hatte Pferde-Psychologie an der Universität von Kalifornien gelehrt. Dr. Feldenkrais stellte die Behauptung auf, das menschliche Nervensystem könne durch eine einzige Erfahrung lernen – ohne Wiederholung –, nur durch das Ausführen *nicht-gewohnheitsmäßiger* Bewegungen, sofern es sich dabei nicht bedroht fühlte. Ich erinnere mich deutlich des Gefühls, als mich dabei der Gedanke durchfuhr: Wenn das für Menschen gilt, muß es auch für Pferde gelten!!! In der Hippologie wird seit altersher gelehrt, daß Pferde nicht intelligent sind und nur durch ständige Wiederholung eine Lektion begreifen und erlernen. Mir war, als sei ein erhellender Blitz in mich gefahren, und ich überlegte sofort: «Wie könnte man nur so mit einem Pferd arbeiten, daß es Bewegungen ausführt, die sowohl nicht-gewohnheitsmäßig als auch nicht-bedrohlich waren?» (Nicht-gewohnheitsmäßig bedeutet, den Körper zu Bewegungen zu veranlassen, die er – bei Mensch oder Tier – von sich aus nicht durchführt.) Solche Bewegungen mußten mir einfallen und dazu Wege, sie das Pferd auch auf sanfte, ungezwungene Weise machen zu lassen.

* Entsprechend dem Buch «Bewußtsein durch Bewegung» von Dr. Feldenkrais (Suhrkamp Taschenbuch 429).

Die ersten verblüffenden Ergebnisse erzielte ich (wie im vorigen Kapitel beschrieben) mit der Anwendung des auf den Erkenntnissen von Dr. Feldenkrais basierenden Tellington-Touches am Körper des Pferdes.

Dann begann ich, Pferde durch eine Anzahl verschiedener Hindernisse am Boden zu führen und dabei neue, ungewohnte Bewegungen zu erreichen; sehr schnell schon stellte ich ungewöhnliche Verbesserungen der Koordination und des Gleichgewichts fest und eine spürbare Bereitschaft zur Mitarbeit.

Zu dieser Zeit arbeitete ich bereits 7 Jahre mit Ursula Bruns zusammen, und sie bestärkte mich darin, auch hier nach einem System zu suchen. Wir fanden bald heraus, daß es auch Amateuren einfach beizubringen war, ihre Pferde durch diese Hindernisse zu arbeiten und sie ohne Kraftanwendung zu trainieren, während gleichzeitig wieder mehr Verständnis zwischen ihnen und ihren Pferden aufgebaut wird.

Arbeitsprogramm

Im Testzentrum von Ursula Bruns in Reken begannen wir damit, die Bodenübungen zu ordnen und in ein lehrbares Gefüge zusammenzufassen. Wir staffelten die Übungen so, daß bei der Ausführung die Pferde vom Simplen zum Schwierigeren gelangen, ohne daß sie widersetzlich reagieren. Der Gehorsam wird verbessert, indem wir ihnen beibringen, neben uns herzugehen und auf das leiseste Zeichen sofort stehenzubleiben; sie werden an der kurzen Führleine longiert, um sie wendiger zu machen; wir führen sie durch einen Irrgarten aus Stangen, um die Balance und die Fähigkeit zur Biegung zu verbessern; verschieden hoch und in verschiedenen Abständen hingelegte Stangen verbessern die Koordination auf der Geraden; zum Stern ausgelegte Stangen verhelfen ihnen zur Koordination der Gliedmaßen in der konstanten Biegung; wir führen sie durch einen engen Korridor aus Ballen und Stangen oder Tonnen, damit sie lernen, sich auch in räumlich begrenzter Umgebung sicher zu bewegen.

Bei alledem benutzt das Pferd Teile seines Körpers, von denen es nicht einmal «wußte», daß es sie einsetzen kann. Zusammen angewandt, bewirken die im Folgenden beschriebenen Bewegungen und Übungen eine geradezu dramatische Veränderung in der Lernwilligkeit und Lernfähigkeit des Pferdes. Es wird eine Partnerschaft aufgebaut, bei der das Pferd allen Kommandos des Trainers willig und frei, unverkrampft folgt, weil es weiß, daß ihm weder Schmerz zugefügt noch etwas mit Gewalt von ihm verlangt werden wird.

Für den Laien ist das alles nicht schwer erlernbar und bringt schnellen, spürbaren Erfolg. Die Abfolge der Übungen ist nicht starr festgelegt; das von uns erarbeitete Programm ist jedoch empfehlenswert.

Das Pferd soll lernen:
● angebunden ruhig dazustehen, allein oder neben anderen Pferden, nach denen es nicht schlagen darf;

- ruhig dazustehen, wenn sein Körper gründlich untersucht, behandelt oder geputzt wird;
- zu dulden, daß eine 120 cm lange Gerte es abtastet, und jede Angst davor zu verlieren;
- im Schritt und Trab auf gerader Linie zu gehen und jederzeit auf Kommando anzuhalten;
- im Schritt und Trab in gerader Linie mit einem Abstand von 1–2 m vom Trainer zu gehen, wobei die Gerte den Abstand kontrolliert, und jederzeit willig anzuhalten;
- sich zwischen 2 Händen arbeiten zu lassen mit Gerte und Führkette, auf die Kommandos «Halt» und «Schritt» zu reagieren;
- sich an der Führkette (kleiner Kreis) im Schritt und Trab longieren zu lassen;
- im «Labyrinth» zu arbeiten, um dabei zusätzlich zu lernen:
  - auf kleinste Bewegungen zu reagieren,
  - auf Signale (Kommandos) zu warten,
  - die Gerte zu akzeptieren;
- rückwärts auf gerader Linie und durch das «L» zu gehen, um das Gleichgewicht zu verbessern für die Arbeit unter dem Reiter und das Verladen in den Hänger;
- sich über Cavaletti oder am Boden ausgelegte oder gekreuzte Stangen führen zu lassen, bei unterschiedlichen Abständen, im Schritt und Trab, neben dem Trainer oder mit einem Abstand von 1–2 m von ihm;
- durch den «Stern» zu gehen;
- sich durch den «Grill» zu arbeiten;
- Übungen an und mit Tonnen zu machen;
- über Plastik zu treten oder unter Plastik durchzugehen;
- vom Boden aus gefahren zu werden;
- über «Wippe» und «Brücke» zu gehen;
- durch Autoreifen zu treten;
- alle Übungen auch ohne Halfter auszuführen;
- wie eine Statue dazustehen, während es geputzt wird oder auf die nächste Lektion wartet;
- alle Übungen von links und rechts geführt auszuüben.

Hilfsmittel

Für dieses Programm benötigen wir:
ein gut sitzendes, breites Halfter mit großen Ösen und Ringen;
eine ca. 80 cm lange Kette mit Führleine aus Nylon;
eine 120 cm lange Gerte;
mindestens 8 Stangen von 3–4 m Länge;
eine oder zwei Plastikplanen, 2 x 4 m, schwarz oder weiß.
Möchte man mit mehreren Pferden einen komplett ausgelegten Parcours durcharbeiten, braucht man außerdem:
8 Tonnen;

1 Brücke und/oder Wippe;
10 weitere Stangen von 3–4 m Länge;
Zweige und Äste;
mehrere Autoreifen;
Ständer für die Plastikbögen.

Ein typisches Arrangement von Bodenhindernissen sieht etwa so aus (Abb. 47): im Hintergrund Reifen am Boden; ein Brett von 1 x 3 m, das eine Brücke simuliert; Tonnen; ganz rechts der Plastikbogen zum Darunterhergehen; in der Mitte das «Labyrinth»; ganz vorn der «Grill». Die Aufgaben können täglich neu und anders ausgelegt werden, damit sie interessant bleiben.

Abb. 47

Generelle Wirkungen der T.E.A.M.-Übungen

Die T.E.A.M.-Übungen an der Hand haben folgende *Wirkungen:*
- Sie entwickeln auf dem Weg über das bewußtere Körpergefühl Selbstsicherheit beim Pferd (wie auch beim Menschen, s. S. 34);
- sie verbessern die Koordination der Gliedmaßen und Bewegungen beim Pferd;
- sie stärken sein Gleichgewichtsgefühl;

- sie lehren es ungezwungenen Gehorsam, Selbstkontrolle, genaues Hinschauen und Geduld;
- sie begründen gegenseitigen Respekt und einen besonderen Rapport zwischen Mensch und Pferd.

Dies alles basiert auf der Vorstellung, daß Pferde weit mehr Intelligenz und Lernfähigkeit haben, als wir ihnen für gewöhnlich zugestehen, und daß, wenn mit dem Lernprozeß *weder Angst noch Überstrapazierung* verbunden ist, das Lernen viel schneller vor sich geht, als wir bislang für möglich hielten.

Einige allgemeine Hinweise

Damit wir aber größtmöglichen Nutzen aus der T.E.A.M.-Arbeit ziehen, sollten wir noch folgendes bedenken:

1. Nicht alle Übungen müssen durchexerziert werden. Man beginnt mit einigen Runden am Führzügel, um die Kommandos zum Vorwärtsgehen und Anhalten zu vertiefen. Dieses grundlegende Führen bedarf größerer Praxis als die Arbeit über alle noch so kompliziert aussehenden Bodenhindernisse und sollte deswegen unermüdlich geübt werden.
Die Bewältigung von 3 oder 4 Hindernissen am Tag verändert ein Pferd zusehends – macht es geduldiger, gehorsamer, interessierter. Jede Übung hat einen etwas anderen Effekt und bewirkt andere *nicht-gewohnheitsmäßige* Körperbewegungen, die wieder andere Nervenzellen beeinflussen. Die Übungen sollen nicht endlos wiederholt werden. Schon ein paar davon, an aufeinanderfolgenden Tagen durchgeführt, bringen bei einem verspannten oder ängstlichen Pferd sicht- und fühlbare Veränderungen hervor. Koordiniert zum Beispiel ein Pferd seine Bewegungen besser, so müssen die dazu besonders geeigneten Übungen nicht mehr eigens wiederholt werden. Führt man sie nach ein paar Wochen zur Auffrischung wieder durch, wird man erstaunt beobachten, wie nach ein paar Minuten Übung das Gelernte erinnert und glatt durchgeführt wird.

2. Bei der herkömmlichen Pferdeausbildung wird das Pferd im Verlaufe eines festgelegten Schemas mehr oder weniger gezwungen, gewisse Muskeln – je nach Disziplin – unbewußt (ohne nachzudenken) immer wieder zu benutzen. Wir hingegen möchten dem Pferd beibringen, bewußt mehr Muskeln zu aktivieren. Das geht nur, wenn wir ihm beibringen, mitzudenken und selbst zu wissen, welche Muskeln es zur Bewältigung jeder Aufgabe benutzen muß. Von dieser Überlegung her wird es verständlich, daß es niemals darauf ankommt, daß das Pferd jedes Übungs-Hindernis schnellstmöglich «hinter sich bringt». Das würde nur seine Neigung vertiefen, beim Reiten vor Unbekanntem zu scheuen und es durch schnelle Flucht auch «hinter sich zu bringen». Es soll im Gegenteil ganz langsam und bewußt an die Dinge herangehen, sich mit dem Körper darum herumbiegen, sich ihnen

anpassen, Schritte selbständig verlängern oder verkürzen – es soll soviel wie möglich nicht-genutzte «graue Zellen» einsetzen, bis aus unwillkürlichen Fluchtbewegungen willkürliche Ruhebewegungen werden. Die T.E.A.M-Arbeit lehrt das Pferd, seinen Körper – und damit auch die Augen – auf eine Weise zu gebrauchen, die nicht mehr instinktiv, sondern bewußt ist.

3. Alle T.E.A.M.-Übungen können anschließend auch unter dem Sattel ausgeführt werden. Zunächst jedoch soll an der Hand begonnen werden, damit nicht Verspannungen und Ängste, mit denen das Pferd unter dem Sattel zuerst reagieren könnte oder die sich ein Pferd unter dem Sattel bereits angewöhnt hat, in den neuen Lernprozeß mit hineingenommen werden. Beim Versuch, die Hindernisse unter dem Sattel zu bewältigen, würde ein solches Pferd sofort die zur Gewohnheit gewordene Abwehrstellung einnehmen, um das Reitergewicht mit geringstmöglicher Unbequemlichkeit zu tragen. Die Übungen an der Hand zeigen ihm hingegen, daß es seinen Körper auf verschiedenste Weise bewegen kann, Weisen, die seine ohnehin schmerzenden Muskeln schonen, Weisen überdies, die viel effizienter sind als die bislang angewandten (erzwungenen). Sein neues Eigengefühl macht dauerhafte Verbesserungen der Koordination und der Balance möglich, und diese Verbesserungen werden sich auf die Arbeit unter dem Sattel übertragen.

4. Pferde haben beim Lernen – entgegen der landläufigen Meinung – gern Gesellschaft und lassen sich durch sie durchaus nicht ablenken, sondern anregen. Es macht Spaß und tut dem Lernen rundum gut, wenn mehrere Menschen und Pferde gleichzeitig üben. Manchmal arbeitet man dann zur gleichen Zeit am gleichen Hindernis: Ein Pferd wird hindurchgeführt, die anderen stehen daneben und schauen ihm zu. Manchmal arbeiten alle an unterschiedlichen Lektionen. Bei alledem lernen sie Geduld, erschrecken nicht mehr vor plötzlich irgendwo auftauchenden Kameraden, sehen sie aus einer Position neu gewonnener Sicherheit. Empfindungs- und Sinnesvermögen werden weiter bereichert.

Die Grundübungen

Stehenbleiben
Die erste Anforderung, die wir bei der T.E.A.M.-Arbeit stellen, lautet: «Das Pferd muß lernen, angebunden ruhig dazustehen – allein oder neben anderen Pferden, nach denen es nicht schlagen darf.»
Hinzuzufügen wäre: Es soll manierlich stehen – weder mit den Füßen scharren noch hin und her treten, noch mit dem Kopf schlagen oder alles Erreichbare ankauen (einschließlich des Anbinderiemens). *Stillzustehen* wird in seinem Leben immer wieder von ihm verlangt – aber wie bringt man es ihm so bei, daß es weiß, wie es das tun soll?

59

Nur wenn wir langsam, überlegt und ruhig vorgehen, können wir es ihm so beibringen, daß niemals Anlaß zu Strafe besteht, die es nicht begreifen würde. Auf der Weide hat es niemals stillstehen müssen, außer dann, wenn es ihm selbst paßte; und wenn es bis zu unserer Schulung in der Boxe lebte, hat es das Stillstehen auf Verlangen anderer auch noch nicht kennengelernt. Wenn wir es aber ans Halfter nehmen, verlangen wir eben dies ganz selbstverständlich von ihm.

Die wenigsten Menschen machen sich klar, wie wichtig diese erste Lektion für das Pferd ist: Es lernt Disziplin und Geduld – und es lernt am einfachsten mit vielen anderen zusammen. Soldaten- oder Polizeipferde etwa sieht man oft stundenlang draußen in der frischen Luft angebunden dastehen, inmitten ihrer Kameraden, die sie dabei sehen können – unendlich wichtig für Pferde, die auf den kleinsten Wink hin unverzüglich und ohne Widerspruch gehorchen müssen.

Im Leben des Normalreiters aber findet man viel häufiger das Gegenteil: Pferde, die auch nicht eine halbe Minute ruhig dastehen, sondern scharren, hin und her treten, nach anderen Pferden wiehern oder die sich wie verrückt gebärden, wenn man sie vom Stall oder den Freunden wegreiten will. Sieht man sich die Sache etwas genauer an, so unterscheidet man meist zwei Typen von Pferden: den hysterischen (der meist auch Schmerzen hat), dünnhäutig und völlig verspannt, sowie den schlicht störrischen, verwöhnten, der bislang immer seinen Willen durchsetzte. Ersterer wird am besten eine Zeitlang nur an der Hand gearbeitet, ehe man ihn überhaupt anbindet, damit er einen gewissen Kontakt zu seinem Pfleger findet und durch dessen Gegenwart beruhigt wird; den zweiten Typ läßt man am besten angebunden so lange sich austoben, bis er die Lektion gelernt hat; das kann eine Woche täglich 3 Stunden dauern und bedarf der *Aufsicht* und – wohlverstanden nur bei solch störrischen Pferden – des gelegentlichen kräftigen Schlages mit der Gerte gegen das Vorderfußwurzelgelenk und eines energischen: «Steh!»

Interessanterweise gehörten 50% der Pferde, die wir in diesem Buch als Beispiele vorstellen, zur Kategorie der Überempfindlichen, die verwirrt waren von der Tatsache, daß sie nicht genau wußten, was sie tun sollten. Die für den zweiten Typ geschilderte Korrektur würde bei ihnen nichts Gutes bewirkt haben; besser ist es, sie mit dem Tellington-Touch zu behandeln, bis sie am Führseil ruhig dastehen und unter dem sanften Druck der Hände im Genick den Hals senken (s. Abb 20/21). Ihnen anschließend das ruhige, geduldige Stehen beizubringen, ist dann einfacher und gefahrloser.

Für welche Korrekturmethode wir uns aber auch entscheiden: immer gehen wir in genau überlegten Schritten vor.

Bei allen Übungen, die wir mit dem Pferd durchführen, denken wir zuerst an seine und unsere Sicherheit. Dazu gehört, daß alle Utensilien, die wir benutzen, stark, fest und dauerhaft sind. Das *Halfter* sollte aus Leder oder Nylon sein, gutgepflegt, breit und nirgends drücken. Und es muß unbedingt passen: darf auf der Nase nicht zu lang sein (zu tief herunterhängen) und

 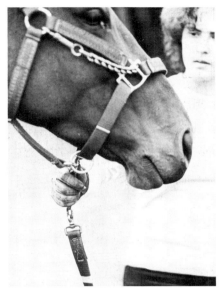

Abb. 48 *Abb. 49*

muß unbedingt Ringe oder viereckige Ösen haben, die groß genug sind, um eine Kette durchzulassen (Abb. 48, 49).
Haben wir die Wahl, sollten wir breitem Nylon den Vorzug vor Leder geben, da letzteres bei nicht ausreichender Pflege sehr leicht brüchig wird und dann reibt und schabt.

Ferner müssen wir genau überlegen, *wo* das Pferd angebunden werden soll: immer dort, wo es keine Angst haben muß, wo es Stallkameraden sehen oder hören kann, wo es sich auf gar keinen Fall verletzen kann. Niemals darf es an Stacheldraht gebunden werden! Niemals an den Verbindungsteilen einer Einfassung, sondern immer an die starken Pfosten. Nirgends darf Draht sein, durch den es einen Fuß stecken kann. Bindet man es an einer festen Wand an, so überlege man, daß es sich seitwärts nach rechts oder links bewegen wird und daß deshalb in seinem Bewegungsradius keine Haken oder Nägel vorstehen, keine Schubkarren oder ähnliches abgestellt sein dürfen. *Wir* binden es dort an – *wir* sind für seine Sicherheit verantwortlich!

Haben wir alles getan, was seine und unsere Sicherheit gewährleistet, so müssen wir uns ganz klarmachen, daß ein großes und starkes Pferd nicht *allein* durch Sanftheit erzogen werden kann. Man bedarf der geeigneten Hilfsmittel, um sich eindeutig, kurz, energisch und nachhaltig bei ihm durchzusetzen. Als bestes Hilfsmittel dazu hat sich das *Führseil mit Nasenkette* erwiesen (Abb. 48-50) Es sieht so aus:
Das *Halfter* darf, wie schon gesagt, nicht zu eng und nicht zu lang sein. Für

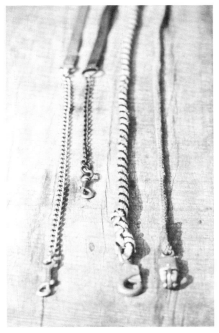

Abb. 50 *Abb. 51*

das Durchschnittspferd beträgt die ideale Länge ca. 28 cm; deutsche Halfter sind aber oft 35 cm lang, da für Pferde weit über 165 cm Stockmaß hergestellt. Paßt das Halfter nicht richtig, werden aber unsere Signale nicht verstanden, die Führkette kann nicht an der richtigen Stelle durchgezogen werden und wirkt nicht an der richtigen Stelle ein.

Das *Nasenband* sollte mindestens 2 Fingerbreit unter dem Jochbein liegen – lang genug sein also, um dem Pferd das Kauen zu erlauben, nicht so weit aber, daß es sich mit dem Fuß darin verfangen kann, wenn es sich doch einmal freimacht und am Boden herumschnobert.

Die *Kette* muß unbedingt 75 cm lang sein. Die meisten in der Bundesrepublik angebotenen Ketten sind aber nur knapp 40 cm lang (Abb. 50): Sie lassen sich nicht um die Nase herum verschnallen und mit Abstand vom Kopf in die Hand nehmen (Abb. 51). Das zur Kette führende Seil sollte idealerweise 170 cm lang sein.

Soll das Pferd von links geführt werden, so wird das freie Ende der Kette auf der linken Seite in die untere Metallöse eingeführt, dann einmal um das Nasenband geschlungen (s. Abb. 48), durch den unteren Ring der rechten Seite durchgezogen und in den oberen rechten Ring eingehakt (S. Abb. 49). Zur Führung von rechts – die wir unbedingt ab und zu auch üben sollten – verläuft die Kette genau umgekehrt.

Diese Kette ist *nicht als strafendes Element* gedacht! Ihr Effekt beruht auf der blitzschnellen, *kurzen* Einwirkung auf die Nase. Das ist genau der Punkt, an dem das Fluchttier Pferd niemals etwas Strafendes, Hemmendes erwartet (von sich aus würde es ja nie auf etwas zulaufen, das ihm an der Nase wehtun könnte). Ein kleiner Ruck an der Kette bewirkt Verwunderung – und die instinktive Reaktion des Zurückweichens und Anhaltens.

Verschiedenes ist beim Gebrauch der Kette unbedingt zu bedenken:

1. Man darf ein Pferd niemals am Kettenstrick anbinden! Zieht es zurück, wird der Druck auf die Nase viel zu stark, was wiederum alle künftige Arbeit mit der Kette unmöglich macht. Soll es wegen fortgesetzter Ungezogenheit zusätzlich mit der Kette beeinflußt werden, bindet man es am Halfter mit dem Halfterstrick an (s. Abb. 48) und nimmt das Führseil der Kette zusätzlich in die Hand.

2. Die Hand (im Handschuh!) wird immer am Kettenende und etwa in Jochbeinhöhe so gehalten, daß ein Abstand zum Pferdekopf da ist, der es erlaubt, die Kette aus dem Handgelenk zu bewegen. Ein kurzes «Antupfen» aus beweglichem Handgelenk zu begleitendem, ruhig-verweisendem «Naaaiin!» oder gezischtem «Sssst!» bringen das Pferd dazu, den Kopf stillzuhalten und hinzuhören.

3. Der *Effekt der Kette* soll immer der sein, etwas klarzumachen, nicht aber zu strafen oder gar zu ängstigen. Nachhaltig und auf Dauer wirkt sie nur, wenn man niemals an ihr zieht, sondern sie mit dem erwähnten kleinen Schlenker aus dem Handgelenk *nach oben* gegen das Nasenbein schlägt und *sofort* wieder aufhört. Das bedarf einiger Übung, da auch wir Menschen die Lockerheit der Bewegungen weithin verlernt haben. Jedoch präge man sich von Anfang an ein, daß an der Kette niemals gezogen werden darf! (Nicht etwa, weil das dem Pferd fürchterlich wehtun würde, sondern weil es der Kette die ganze Wirksamkeit nähme!)

Wann immer man die Kette tatsächlich benutzt, beruhigt man das Pferd anschließend mit leichtem Streicheln oder lobenden Worten.

Gewiß kann man (wie etwa bei den erwähnten Soldaten- oder Polizeipferden s. S. 60) auch einfach anbinden nach dem Motto: «Es wird sich schon von selbst beruhigen», und viele professionelle Trainer und auch Laien tun das mit einigem Erfolg. Nachteilig ist dabei nicht nur, daß es eben sehr häufig doch nicht klappt, sondern viel mehr noch, daß kein Kontakt zwischen Pferd und Pfleger (oder Reiter, Besitzer) entsteht.

Solange *wir* ihm geduldig und langsam *zeigen,* was es tun soll, verbindet es mit dieser Lektion mehreres Nützliches zugleich:

> Es lernt, daß etwas ganz Bestimmtes von ihm verlangt wird, und es lernt zugleich, *was* das ist: nämlich ruhig Dastehen. Immer, wenn es etwas Falsches tut, sind *wir* da, es ihm zu verwehren. So lernt es seine kleine (schwere!) Lektion vom ersten Moment an richtig und führt sie deshalb bald auch richtig aus.
>
> Und es lernt, unsere Gegenwart und die leichte Berührung der Hand zu schätzen als etwas beruhigend Angenehmes.

Natürlich kann man diese Lektion schon nach wenigen Tagen mit dem *Putzen* verbinden, jedoch immer mit dem Bewußtsein, daß es primär um das *Stehenbleiben* geht. Deshalb soll man auch ganz behutsam putzen, ganz ohne Rauhheit oder auch nur freundschaftliche Derbheit. Sollte sich das Pferd dabei aufregen oder das erlernte und bis dahin auch durchgeführte Stillstehen wieder aufgeben, versichere man sich *sofort,* daß ihm das Putzen nicht wehtut. Man geht mit der Bürste vorsichtig über den ganzen Körper und versucht festzustellen, wo das Pferd unruhig zu werden beginnt. Ist dort eine Wunde? Stieß man mit dem Putzzeug zu hart an einen Knochen?

Viele Pferde mit besonders dünnem Fell sind beim Putzen überaus empfindlich, andere wiederum kann man mit einer Drahtbürste reinigen, ohne daß es ihnen etwas ausmacht. Doch wie gering auch der Schmerz ist: in diesem Augenblick muß man ihn sehr wichtig nehmen, denn er hindert das Pferd daran, seine Lektion zu lernen, und stört das gerade erst aufkeimende Vertrauensverhältnis zum Pfleger.

In diesem Anfangstadium sollte man peinlichst jeden Fehler vermeiden. Das ist, mit etwas Nachdenken und Geduld, viel leichter, als ihn später wieder auszumerzen.

Es kann eine Woche dauern oder auch länger, bis man sein Pferd mit sanfter Unerbittlichkeit daran gewöhnt hat, ruhig und gelassen dazustehen, wenn man es irgendwo anbindet. Wir empfehlen dies nicht aus Sentimentalität, sondern aus Konsequenz. Man sollte einmal dies bedenken:

Von einem Pferd zu verlangen, daß es stillstehen soll, geht abolut gegen seine Natur. Das Pferd ist ein Bewegungstier, das ständig kleine Schritte macht; es ist ein Fluchttier, das ständig den Kopf dreht, um mögliche Bedrohung früh zu erkennen; es ist ein Nasentier, das seine Umgebung immerzu beschnobert; es ist ein Herdentier, das engen Kontakt herstellt durch Reiben, Schnuppern, Rupfen; es steht nur still, wenn es müde ist und sich ausruhen will – das aber ist sicher nicht der Fall, wenn man es von den Freunden wegholt und anbindet und dann Stillstehen von ihm verlangt.

Ist es aber einmal gelungen, seine Abwehr zu besiegen und ihm klarzumachen, daß es angenehm *ist, dieses Nicht-Natürliche zu tun, ist es innerlich auf dem Weg, dem Menschen gelassen zu folgen, wenn er weiteres Nicht-Natürliches von ihm verlangt.*

Gewöhnung an die Gerte

Zu den Gegenständen, die man zur Erziehung/Schulung des Pferdes unbedingt braucht, gehört eine etwa 120 cm lange, dünne, glatte und möglichst steife Gerte mit Knopf und verdicktem Ende, aber ohne Schlaufe. Sie ist der verlängerte Arm des Ausbilders – ein richtungweisendes, Aufmerksamkeit heischendes, hilfreiches und nie strafendes Utensil; deshalb darf das Pferd keine Angst vor ihr haben. Mit ihrer Hilfe ist es dem Ausbilder bei fortschreitender Übung auch möglich, das Pferd aus der Entfernung unter Kontrolle zu halten. Sie lehrt das Pferd, ähnlich wie die Kette und in

Abb. 52

Ergänzung zu dieser, auf leichte, aber deutliche Anweisungen prompt zu reagieren.

Um das Pferd an die Gerte zu gewöhnen, legt man ihm wieder das korrekt passende Halfter an und fädelt die Kette hindurch. Mit einem Anbindeseil wird es an der ihm gewohnten Stelle angebunden. Das Führseil der Kette nimmt man in die Hand. Wenn das Pferd zu Anfang sehr nervös ist, kann ein Helfer das Führseil halten und dem Pferd aus einem flachen Gefäß etwas Futter reichen (lieber nicht aus der Hand, und keine Pellets – es könnte sich daran verschlucken).

Manche Pferde haben eine unerklärliche Angst vor der Gerte (Abb. 52), auch wenn sie an ihrem gegenwärtigen Platz nie einen Schlag damit erhielten. Vielleicht haben sie anderswo böse Erfahrungen damit gemacht? Bei einem gekauften Pferd – ganz gleich, ob jung und ungeritten oder älter und geritten – weiß man ja nie, was es bei den Vorbesitzern erlebte. Doch gibt es auch Pferde, die überhaupt nie böse Erfahrungen mit der Gerte machten und trotzdem panische Angst vor ihr haben. Meist sind es solche, die auch auf die bloße *Berührung* der Finger überempfindlich reagieren, unter Sattelzwang leiden und übernervös sind. Man kann versuchen, sie dann an ganz vertrauter Stelle, notfalls in der Box, an die Gerte als etwas Nicht-Bedrohendes zu gewöhnen.

65

Abb. 53

Versucht das angebundene Pferd, dauernd zurückzuziehen, so bindet man es los und nimmt das Führseil selbst in die Hand – es hat dann ein wenig mehr Bewegungsraum.

Man nimmt die Gerte ruhig in die freie Hand, zeigt sie ihm und beginnt, sanft mit ihr am ganzen Körper entlangzustreichen (Abb. 53). Damit die Gerte auf gar keinen Fall als Werkzeug der Strafe empfunden wird, geht man auch bei dieser Lektion so sanft wie möglich vor:

Schlägt das Pferd zuerst nach der Gerte (s. Abb. 52), so ignoriert man das einfach und setzt die Bemühung unter gutem Zuspruch fort; das Führseil sollte dabei möglichst locker gehalten werden. Ein kleiner Schlenker mit der Kette aus dem Handgelenk ruft es notfalls zur Aufmerksamkeit zurück.

Hier schon stellt man fest, ob die Arbeit der vergangenen Tage gründlich genug war: Ein Pferd, das sich am ganzen Körper problemlos berühren läßt, den Touch als angenehm empfindet und beim Putzen angebunden wirklich stillzustehen gelernt hat, auf die Berührung der Kette sofort reagiert, akzeptiert nun nach ein, zwei Versuchen auch die Gerte.

Diese Arbeit, die so einfach aussieht, erfordert vom Ausbilder wiederum viel Disziplin, ruhige Geduld und das genaue *Wissen* darum, *weshalb* sie getan wird:

> Das Pferd soll lernen, sich auch von fremden Objekten am Körper berühren zu lassen und nicht erschrocken davonzulaufen, Berührungen auch an empfindlichsten Stellen zu dulden – etwa an den Hinterbeinen, unter dem Bauch, an Gesäuge oder Schlauch, am Kopf, an den Ohren; es lernt weiter, daß der Ausbilder etwas ganz Bestimmtes von ihm will – in diesem Falle also, sich überall berühren zu lassen.

Bedenken wir: Bisher lernte es, sich mit der Hand und dem Putzgerät berühren zu lassen – das hat es akzeptiert. Nun kommt Neues hinzu, und

wenn man es richtig, das heißt langsam und konsequent macht, merkt das Pferd schnell, daß
ihm nichts Böses passiert,
es mit dem Geschehenlassen dem Ausbilder Freude macht.
Beides dient dazu, seine Bereitwilligkeit zu künftigem Mittun zu erhöhen. Wie ein Kind, das in der Schule Neues gelernt hat, stolz darauf ist, beginnt auch das Pferd von Mal zu Mal besser zu werden aus Befriedigung über die begriffene, durchgeführte und gelobte Leistung.
Steht das Pferd schließlich ganz gelassen da, wenn die Gerte sacht über seinen ganzen Körper streicht, und bleibt es unbedingt auf der Stelle stehen, nachdem man es jedesmal, wenn es vortreten möchte, sanft mit der Kette auf genau die verlassene Stelle zurückgeführt hat, so kommt die nächste Lektion:
Man tritt einen *Schritt zur Seite* und berührt aus dieser Position den ganzen Körper: an den Vorderbeinen, unter dem Bauch (Abb. 54), zwischen den Hinterbeinen, auf der Kruppe.
Unter leisem Zuspruch geht man nun beim Abstreichen mit der Gerte langsam *um das Pferd herum*, soweit das Führseil es erlaubt. Jedes Vortreten wird durch knappes Schlenkern der Kette verhindert. Ein tadelndes «Steeh!» unterstützt die Bewegung.

Abb. 54

Nach wenigen Tagen schon wird das Pferd mit hängendem Führseil ruhig dastehen, und man kann ganz um es herumgehen, ohne daß es der Gerte noch Beachtung schenkt.

| Nun hat man, ohne sich im geringsten angestrengt zu haben, ein Pferd, das nicht mehr blindlings davonrennt, wenn irgendetwas seinen Körper irgendwo berührt, das vielmehr stehenbleibt und wartet, was weiter geschieht.

Man überlege einmal, wie wichtig das für ein Reiterleben sein wird, wenn dem Pferd ein harter Zweig zwischen die Beine, unter Schweif oder Bauch gerät,
es in herumliegenden Draht tritt,
es gegen einen Elektrodraht springt, wie er heute ja allenthalben die Wege begrenzt,
Gurt oder Fahrgeschirr reißen.
Diese Gertenlektion wiederholen wir nun beim unangebundenen Pferd in Paddock oder Auslauf, auf der Weide oder sonst einem eingezäunten Platz.

Die nächsten Übungen erweitern die Anwendung der Gerte beträchtlich. Sie soll nun, je nachdem wo und wie sie angesetzt wird, das Pferd dazu veranlassen
   einen vorgesetzten Fuß zurückzunehmen (Abb. 55),
   rückwärts oder vorwärts zu treten,
   eine Vorhandwendung an der Hand zu machen (Abb. 56),
   seitwärts zu treten (Abb. 57).

Abb. 55

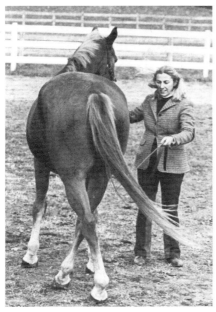 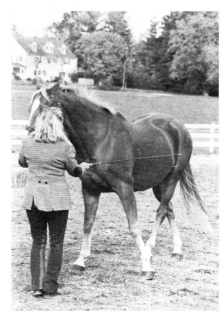

Abb. 56   *Abb. 57*

Dazu im einzelnen:
Um das Pferd auf Wendungen vorzubereiten, benutzt man zwei Seitwärtsbewegungen. Zuerst bringt man ihm bei, auf der Vorhand zu wenden. Dazu muß es seine Hinterbeine um die Vorderbeine bewegen. Man stellt sich an den Kopf, schaut auf den Schweif und tippt mit der langen Gerte gegen die Seite des Beines, von dem man möchte, daß es sich bewegt, und fordert damit das Pferd auf, dieses Bein vor seinem anderen zu kreuzen (s. Abb. 56). Man wiederholt die Übung in der entgegengesetzten Richtung.
Dann bringt man ihm bei, die jeweils gleichsitigen Beinpaare zur selben Zeit seitwärts zu bewegen. Man tippt mit dem Ende der Gerte dort an den Körper, wo der Gurt laufen würde, und legt sie dann flach gegen die Seite (s. Abb. 57). Jedesmal, wenn das Pferd nun einen Schritt zur Seite gemacht hat, läßt man es anhalten und einen Moment darüber nachdenken, was es gerade getan hat, ehe man es zum nächsten Schritt auffordert. Hat es begriffen, so tritt es nur noch auf das Antippen in Gurtgegend zur Seite – wie dann auch später bei leichter Berührung mit dem Schenkel.

Haben wir alle Übungen mit Nachdenken, Hinschauen, Wiederholung (nicht überstrapazierendes Eindrillen!) – alles mit großer Konzentration – durchgeführt, so haben wir ein Pferd erzogen, das nicht nur am Boden leichtesten Berührungen gehorcht, sondern auch – wie gesagt – unter dem Sattel, wo es problemlos Wendungen ausführt und sich spielend leicht rückwärtsrichten läßt.

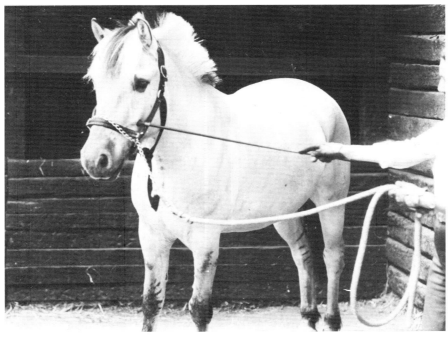

Abb. 58

In der Hand dessen, der mit ihr umzugehen versteht, ist die Gerte ein unersetzliches Kommunikationsmittel zwischen Mensch und Pferd. Die Fotos dieses Buches zeigen sie in immer anderer Position angewandt (z.B. dreht man sie um, wenn man sich anfangs abstandhaltend mit einem noch ungeschulten Pferd verständigen muß; (Abb. 58). Je flexibler man sie zu handhaben versteht, um so mehr Erfolg hat man mit ihr. Auch die eigene Hand, den eigenen Arm – deren Verlängerung sie ja ist – bewegen wir nicht steif und marionettenhaft, sondern fließend der Situation angepaßt. Wo immer es auf die exakte Haltung ganz besonders ankommt, erwähnen wir es ausdrücklich.

Zur richtigen Handhabung der Gerte gehört unabdingbar die korrekte Handhabung der Führkette. Gerät bei deren Anwendung das Pferd einmal in wirkliche Panik, so unterläßt man auf jeden Fall ein *Ziehen*. Da wir mit ihr ja immer in einem geschlossenen Raum – Reitbahn, Weide, Paddock – arbeiten, ist es besser, sie einfach loszulassen und in Ruhe von neuem zu beginnen! Das Ziehen gegen Kette und Strick lehrt das Pferd im Handumdrehen, daß es stärker ist als der Mensch. Es wird von nun an versuchen, diese frisch erkannte Kraft zu testen, und dann folgen wieder jene sattsam bekannten Kämpfe zwischen Ausbilder und Pferd, die ein nicht rücksichtslos starker Mensch immer verliert (oder die ihm ein Pferd bescheren, mit dem er auch unter dem Sattel ständig Auseinandersetzungen hat).

Man sollte es nie dazu kommen lassen. Unsere gesamte Methode mit dem Vorgehen in detailliert winzigen Schritten zielt ja darauf hin, Kämpfe zu *vermeiden* und die Arbeit mit dem Pferd auch für den nicht-professionellen, den Freizeit-Pferdebesitzer ungefährlich und sicher zu machen. Und natürlich auch darauf, ein freundliches, lernbegieriges Pferd zu erziehen, das seinen angenehmen Charakter nicht verliert und gute Manieren hinzugewinnt.

Führen

Führen sieht so simpel aus. Jeder macht es. Doch *wie* man sein Pferd führt, bestimmt die Art, wie es auf sämtliche Anweisungen reagiert – ob es der «Körpersprache» (den Körperbewegungen des Ausbilders, s.S. 72) Beachtung schenkt und den feinsten Zeichen folgt, oder ob es stattdessen lernt, zu zerren und zu ziehen, herumzuzappeln und zu -treten, ohne überhaupt auf den Menschen zu achten. Wenn ein Pferd lernt, am Führhalfter zu ziehen, so entwickelt es eine Angewohnheit, die es – wir sagten es schon – unter dem Sattel unempfindlicher macht für die Anweisungen des Mundstücks und für alle sonstigen Kommandos. Bringt man dem Pferd andererseits bei, auf die leisesten Zeichen zu reagieren – ohne jede Furcht, mit viel Belohnung, die ihm Vertrauen einflößt –, so ist man auf dem richtigen Weg, ein wohlerzogenes Pferd zu bekommen.
Ein anderer Vorteil dieser feinen Führarbeit ist es, daß jedermann mit etwas Gefühl für ein lebendiges Tier sie ausführen kann. Man muß kein fertiger Reiter sein, um sich mit der Arbeit an der Hand ein angenehmes und guterzogenes Pferd heranzuziehen.

Wenn das Pferd genau verstanden hat, was die Berührung mit der Gerte bedeutet, nimmt man die Führleine in die rechte, die Gerte in die linke Hand und geht nun in Marschrichtung neben dem Pferd her. Die Leine wird, wie meistens, dort gefaßt, wo Kette und Leine ineinander übergehen; der Arm wird 80-90 cm weit weggestreckt, um das Pferd vom Führenden entfernt zu halten. Damit es nun vorwärtsgeht, berührt man es mit der Gerte am Rumpf, etwas hinter der Stelle, an der der Gurt liegen würde.
Das bedarf einiger Übung. Sehr oft arbeitet der Ausbilder konzentriert nach vorn und wundert sich über heftige Reaktionen des Pferdes: Die Gerte hatte es entweder zu heftig oder an der falschen Stelle getroffen! Es ist ja auch ungewöhnlich, links hinter dem Rücken die Gerte korrekt anzusetzen. Hier ist zunächst ein beobachtender Helfer nützlich.

Das Schwierigste bei aller Arbeit an der Hand ist der Umgang mit eben dieser führenden *Hand*. Jede kleinste Positionsänderung bedeutet etwas, hat eine andere Einwirkung auf das Pferd und die Hand und entsprechend andere Ergebnisse. In den meisten Fällen wird die Hand in Höhe der unteren Halfterringe gehalten, nicht tiefer. Befindet sie sich an dieser Stelle, geht der Ausbilder selbst in völligem Gleichgewicht. Zieht er unbewußt oder gedan-

71

kenlos nach unten, zieht das Pferd – im Reflex – den Kopf hoch; zieht er das Führseil zu sich hin, dreht der Pferdekopf nach innen und kann zum perfekten Halt nicht geradegerichtet sein.

Auch die *Körper*haltung des Ausbilders ist eminent wichtig. Alle Positionen, die er bewußt einnimmt, nennen wir innerhalb des T.E.A.M.-Systems *Körpersprache*. Das heißt: das Pferd versteht die Veränderungen in der Haltung des Ausbilders wie eine Sprache, die ihm unmittelbar sagt, was es selber tun soll.
So geht beim Führen der Ausbilder ganz gerade neben dem Pferd her, diesem signalisierend, das es das gleiche tun soll. Möchte er anhalten, so bringt er mit einer einzigen, überlegten Bewegung seinen Körper halb schräg vor den Pferdekopf, was sogleich bremsende Wirkung hat. Auf diese Körpersprache kommen wir in Text und Bild noch häufig zurück.

Die Abbildung 59 demonstriert das richtige Führen: Der Ausbilder geht neben der Pferdenase, so daß er das Pferd im Blick hat und dieses ihn. Die Hand befindet sich in Höhe des unteren Halfterringes, die Kette fällt leicht durch, das Seilende wird mit der Gerte in der linken Hand gehalten, die Gerte ist mittig gefaßt, das dicke Ende nach oben weisend.
Rutscht die Hand zu tief, strafft sich die Kette und bewirkt einen leisen Druck auf die Nase. Das ist unerwünscht: Eines der Ziele dieser Lektion ist es ja gerade, dem Pferd beizubringen, ohne spürbare Beeinflussung durch den Menschen am langen Führseil frei voranzugehen – ihm Selbstkontrolle

Abb. 59   *Abb. 60*

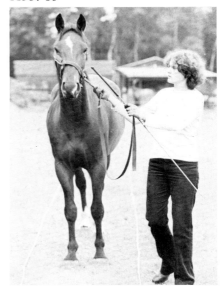

beizubringen, so daß es, wenn es geritten wird, auch unbeeinflußt durch den Zügel frei voranschreitet, wenn der Reiter es so möchte.

Daß der Ausbilder neben dem Pferdekopf hergeht, hat einen weiteren wichtigen Grund: Geht er bei der Schulter, hat das Pferd zuviel «Vorsprung», wenn es plötzlich wegspringen will – etwa zur Stalltür hinaus oder durch das Weidetor (was beides ungewöhnlich häufig vorkommt, schwächere Personen zur Verzweiflung und in gefährliche Lagen bringen kann).

Leichter, als man denkt, kann man das Pferd nun *anhalten* (Abb. 60). Bei bislang guter Ausbildung genügen 4 Signale, die man zunächst kombiniert, später dann auch einzeln anwenden kann:

1. Die Stimme sagt leise, aber tief und beruhigend: «Hoo!»
2. Die Hand macht die bekannte Schlenkerbewegung an der Kette.
3. Die äußere Hüfte und Schulter werden nach innen halb vor das Pferd geführt, was einen blockierenden Effekt hat.
4. Die Gerte wird in etwa 70 cm Abstand begrenzend vor das Pferd gehalten und einige Male auf und ab geführt, um seine Aufmerksamkeit wachzuhalten. (Wird sie ihm zu dicht vor die Augen gehalten, kann es die Bewegung nicht erkennen und das Signal nicht deuten.)

Aus der Stellung schräg vor dem Pferd und mit vorgehaltener Gerte hat der Ausbilder Überblick über den Pferdekörper und sofortige Einwirkungsmöglichkeit. Würde das Pferd sich etwa in diesem Augenblick aufregen, könnte man zurücktreten, etwas mehr Luft am Leitseil geben und reagieren wie jeweils erforderlich.

Die rechte Hand soll auch beim Anhalten immer in Höhe des unteren Halfterringes sein (auf dem Foto ist sie zu tief). Dann fällt die Kette schon in der Phase des Anhaltens gleich wieder durch; das Pferd befindet sich, wenn der Druck nachläßt, im besseren Gleichgewicht, und es verbindet die Zeichen zum Anhalten nie mit einem verlängerten (störenden!) Druck auf die Nase. Von seiten des Ausbilders bedarf das der Übung und ständiger Bewußtheit der jeweiligen Position der Hände; mit der Zeit werden diese dadurch immer leichter, und auch der eigene Körper erlangt ein besseres Gleichgewicht. Das Pferd hat voll angehalten und steht aufmerksam da; die Kette muß nun unbedingt durchfallen.

Die Seile auf dem Boden sind ausgelegt, um den Ausbilder erkennen zu lassen, ob er auch in ganz gerader Linie führt und immer den gleichen Abstand einhält. Solch einfacher Hilfsmittel sollte man sich wo immer möglich bedienen.

Geht das Pferd willig vorwärts und hält es ebenso prompt an, beginnt man erstmals zu *traben,* und zwar auf das Stimmkommando: «Terrab!» und auf leichtes Antippen der Gerte auf die Kruppe. Ein richtig und aufbauend ausgebildetes Pferd zeigt nun neben dem Ausbilder Schritt – Trab – Schritt – Halt und befolgt seine Weisungen von Mal zu Mal besser, bis allein die Körpersprache – das Vorschieben von Hüfte und Schulter, das Zurücknehmen der Hand – es zum Langsamerwerden oder Halten veranlassen.

73

Befolgt es das nicht, sollte man zuerst genau nachprüfen, ob man auch alles getan hat, um das Pferd auf diese Reaktion vorzubereiten. Oft sind es die winzigen Kleinigkeiten, die wir unterließen und die nun das Pferd daran hindern, uns zu verstehen.

Freilich kann es auch bei der besten Ausbildung vorkommen, daß ein Pferd vor dem nebenher laufenden Ausbilder erschrickt. Dann hilft am besten ein verständiger Helfer, der – während man selbst dem Pferd ruhig zuspricht – von seitlich-hinten mit der langen Gerte vorsichtig treibt.

Nun benutzen wir eine andere leichte Übung, um seine Reaktion auf unser «Hoo!» zu verstärken. Sowie das Pferd anhält, klopft man ihm mit dem Knauf der Gerte vor die Brust – energisch, aber nicht so, daß es ihm wehtut. Anfangs kann es sein, daß es nun vorspringt; tut es das, klopft man abermals. Jedesmal, wenn man leicht gegen die Brust klopft, sagt man «Hoo!». Die meisten Pferde gehen beim zweiten oder dritten Klopfen leicht rückwärts. Diese Klopf-Übung organisiert die Reaktion seines Nervensystems auf alles, was es fürchtet, in neuer Weise. Die *automatische* Reaktion auf alles, was es fürchtet, ist beim Pferd die Flucht nach vorn. Selbst wenn der Reiter ein scharfes Gebiß benutzt, um es daran zu hindern, wird es den Kopf senken, um dem Schmerz zu entgehen, und nur schneller zu rennen versuchen. Die Übung mit dem Klopfen lehrt es, auf unsere Anordnungen in einer neuen Weise zu reagieren, indem es stoppt, anstatt wegzurennen. Sagt man später im Sattel «Hoo!», wird es prompt reagieren.

Nach ganz kurzer Zeit kann man das Leitseil dem Pferd bereits über den Hals legen und es frei neben sich hergehen lassen (Abb. 61). Es wird auf die Signale des Ausbilders neben sich – ein Hochnehmen der Hand, ein leises «Hoo», ruhiges Stehenbleiben – sofort reagieren. Wieder hat man, ohne große Anstrengung, ein Pferd herangezogen, das gern mit einem arbeitet, weil es begreift, was wir wollen – dies richtig ausführt und dafür gelobt wird. Es ist während der letzten Tage ruhiger und vertrauter geworden, und zugleich wurde seine Intelligenz wacher – es ist «aufgeweckter» geworden.

Wegen der grundlegenden Wichtigkeit des korrekten Führens bei allen im folgenden geschilderten Arbeiten von Hand am Boden seien einige weitere Formen des Führens geschildert und allgemeine Fehler aufgedeckt.

Um das Pferd in *Biegungen* zu führen, gibt man ihm den Hinweis darauf wieder mit dem eigenen Körper – indem man einen Schritt vorwärts und seitwärts macht, ihm vorn den Weg etwas abschneidend, und mit der Gerte in der linken Hand vor der Pferdenase nach rechts weisend (Abb. 62). Beiden sanften Zeichen wird das Pferd nun widerstandslos folgen.

Die Frage der Position des Menschenkörpers ist von allergrößter Bedeutung. 80% aller Ausbilder können ein Pferd nicht *geradeaus* führen, und ebensoviele Pferde haben nicht gelernt, geradeaus zu gehen. Sie haben stets die Tendenz, nach innen, auf den Ausbilder zu, zu gehen. Das macht sich

Abb. 61 *Abb. 62*

besonders bei heftigen oder ängstlichen Pferden bemerkbar. Als Reflex und zur Abwehr lehnt der Ausbilder sich dann dagegen und bohrt dem Pferd den Ellenbogen in den Hals – eine Angewohnheit, die nicht nur keine Wirkung zeigt, sondern auch noch überaus gefährlich ist (Abb. 63). Wenn man einmal kurz nachdenkt, muß der Versuch, mit etwa 75 kg Eigengewicht ein Pferd von 500 kg durch Gewalt oder Kraftanstrengung halten zu wollen, ziemlich absurd erscheinen – und doch: wie oft sieht man es!

Abb. 63 *Abb. 64*

75

Eine knapp 160 cm große, 58 kg wiegende Besitzerin erzählte unter Tränen von ihrem 175 cm großen, siebenjährigen Vollblüter, der auf der Weide Menschen mit voller Absicht überrannte, auf der Schau nicht zu kontrollieren war, unter dem Sattel buckelte und jedesmal, wenn sie ihn aus dem Stall holte, sich voll gegen sie stemmte, den Kopf mit dem Mundstück hochriß und sie dann so – wo er sie unterhalb seines Halses nicht einmal sehen konnte – durch die Reitbahn schleifte. Die bisher besprochenen einfachen Übungen kurierten ihn in wenigen Tagen.

Ein ähnlicher Fall war Dutch, den wir hier auf den Fotos 63-65 zeigen und dessen Geschichte wir auf Seite 129 ff. berichten.

Die geschilderte einfachste Art, ein Pferd gefahrlos zu führen, zeigt die Abbildung 64. Pferd und Mensch laufen, unabhängig voneinander, im Gleichgewicht. Die rechte Hand des Ausbilders befindet sich in Höhe des Halfterringes, wodurch sichergemacht wird, daß er das Pferd nicht unbeabsichtigt zu sich heranzieht. Die Gerte wird so gehalten, daß sie dem Pferd Abstand gebietet, und sie kann ihm schnell vor die Nase gebracht werden, um es ohne Zug am Führseil langsamer werden zu lassen. Auf diese Weise lernt das Pferd, selbst seine Geschwindigkeit zu kontrollieren und neben dem Trainer zu bleiben, statt daß dieser versucht, es mit Gewalt und Kraft zu kontrollieren.

Diese einfache Übung – korrekt durchgeführt – lehrt mit anderen Worten das Pferd, selbst zu denken und sein Gleichgewicht zu finden: Es verbessert dabei ganz allgemein seine Balance. Das ist viel effektiver als das Ziehen an der Leine, das das Pferd in gefährliche Nähe zum Menschen bringt und oft damit endet, daß das Pferd vor dem Ausbilder herumschwenkt, auf die andere Seite, und ihm den Weg blockiert.

Das nächste Bild (Abb. 65) sieht gut aus, doch ist der Ausbilder nun einen Schritt zu weit zurückgefallen. Möchte er anhalten, muß er das Leitseil verkürzen und schneller laufen, bis er wieder neben der Pferdenase ist und dann die Gerte – als Zeichen zum Stop – nach vorn bringen kann. Tut er das nicht, muß er aus dieser Position heraus unweigerlich am Seil ziehen, was wiederum die Pferdenase nach innen und in seinen Weg bringt. Viel besser also ist es, gleich neben dem Pferdekopf zu bleiben.

Führen von rechts. Das Führen von rechts ist wiederum eine sehr wichtige Übung, und zwar sowohl für das Pferd als auch für den Menschen. Sehr viele Pferde sind unter dem Sattel nach rechts versteift! Manchmal hört man, das komme von der Lage des Embryos im Mutterleib. Unsere Theorie zur Erklärung dieser Tatsache ist jedoch, daß die Pferde unserer westlichen Welt traditionsgemäß stets von links geführt, gesattelt, bestiegen werden. Beim Longieren von rechts haben viele Pferde Schwierigkeiten – sind steif und möchten lieber linksherum gehen. Bei importierten Isländern hingegen macht man oft die gegenteilige Erfahrung – in Island werden die Pferde von altersher rechts geführt und von rechts bestiegen!

Abb. 65

Abb. 66

Um ein Pferd beweglicher und geschmeidiger zu machen, sollten sämtliche T.E.A.M.-Übungen von rechts wiederholt werden. Grundlegend wichtig aber ist es beim Führen (Abb. 66).
Die Kette wird dazu von rechts eingefädelt: durch die rechte untere Halfteröse, über die Nase um den Riemen herum und durch den linken unteren Ring hindurchgezogen, dann im oberen linken Ring befestigt. Wie unser Gehirn, funktioniert auch das des Pferdes so, daß Dinge, die rechts- oder linkshändig getan werden, von unterschiedlichen Gehirnpartien gesteuert werden. Alles, was unseren Pferden von rechts beigebracht wird, stellt sie vor entsprechend neue Aufgaben mit entsprechend neuen Auswirkungen auf die «grauen Zellen».
Die Hand führt – um ungeschickte Bewegungen auszugleichen und weil auch der Mensch von dieser Seite unbeweglicher ist – die Leine etwas länger als gewöhnlich, jedoch hoch und immer leicht durchhängend. Ein Pferd, das gelernt hat, von links geführt geradeaus zu gehen, wird es nun bald auch frei und selbständig von rechts lernen.

Führen zwischen zwei Händen. Das Pferd, das sich nun ruhig führen läßt, ruhig dasteht und gelassen darauf wartet, daß etwas interessantes Neues mit ihm passiert, lernt als nächstes, nur auf leichtes Antippen der Gerte vorwärtszugehen. Dazu wechselt man die Position. Auf der linken Seite stehend, nimmt man nun das Leitseil der Kette in die linke Hand, die Gerte in die rechte. Auf diese Weise neben dem Pferd stehend, hat man eine angenehme Kontrolle, sieht genau, wohin man mit der Gerte zielt und wie das Pferd darauf reagiert. Die linke Hand befindet sich näher an der Nase als an der Schulter (Abb. 67). Springt das Pferd dann einmal plötzlich vor (was es nach richtiger Ausbildung nun eigentlich nicht mehr tun sollte), so kann die Hand es mit einem Schlenker an der Kette sofort stoppen.

Abb. 67

Abb. 68

Abb. 69

Es kommt also wirklich auf die Details an. Je sorgfältiger man sie von Anfang an beachtet, um so schneller gehen sie in Fleisch und Blut über und werden selbstverständlich.

Deshalb zeigen wir die beiden Positionen noch einmal zum Einprägen im Bild:

Bei der normalen Führposition (Abb. 68) hält die Ausbilderin das Führseil in der rechten und die Gerte in der linken Hand: die konventionelle Weise. Sie konzentriert sich ganz darauf, dem jungen Pferd einen schnellen, freien Schritt beizubringen. (Richtiger wäre es, wenn sie das Ende des Seils, zusammen mit der Gerte, in der linken Hand halten würde, damit sie die rechte Hand höher oder tiefer gleiten lassen könnte, um näher an das Kettenende heranzukommen.) Die Gerte wird nahe dem dicken Ende gehalten, damit sie lang genug bleibt, um hinter dem Menschenkörper an die Hinterhand des Pferdes gebracht zu werden. Gibt die Ausbilderin das Zeichen zum Anhalten, so wirft sie die Gerte in der Hand höher, um das dicke Ende vor die Pferdenase führen zu können oder das Pferd damit an der Brust zu berühren – beides Signale zum Stop.

Das nächste Foto (Abb. 69) zeigt dann die Arbeit zwischen zwei Händen. Das ist die einprägsamere Art, ein Pferd mit der Gerte weiter vertraut zu machen. Es kann sie nun genau sehen, im Gegensatz zur ersten Position, wo

Abb. 70

sie hinter dem Rücken des Menschen verschwindet und beim Touchieren das Pferd manchmal überrascht. Die Position zwischen zwei Händen ist oft auch die Ausgangsstellung für den ersten Trab, immer aber für die Arbeit an der kurzen Longe (s. Abb. 72) und für das Verladen in den Hänger.
Geht das Pferd auf die Aufforderung «Scheritt!» hin vorwärts, so läßt man es ein paar Schritte gehen und hält es mit dem Kettenschlenker unter deutlich gesprochenem «Hoo» an.

Wie schon beim Anbinden und Führen wiederholen wir auch die Arbeit zwischen zwei Händen *von der anderen Seite*. Die Führleine wechselt dann von der linken in die rechte Hand, die Gerte von der rechten in die linke (nachdem vorher natürlich die Kette umgeschnallt wurde).
Da die Augen des Pferdes seitlich am Kopf sitzen, sieht es vieles auf beiden Seiten deutlich anders. Das bedeutet, daß ein Geschehen, an das es sich aus der Sicht des linken Auges gewöhnt hat, aus der Sicht des rechten Auges völlig überraschend für es ist. Es ist also unbedingt erforderlich, daß der Ausbilder beiden Seiten die gleiche Aufmerksamkeit schenkt und häufig von der einen zur anderen überwechselt.

Noch etwas ist bei der Arbeit zwischen zwei Händen zu bedenken: Das Pferd sieht nun den seitlich von ihm gehenden Ausbilder ganz – es registriert dabei jede Veränderung in dessen Haltung und interpretiert sie – es versteht also das genau, was wir Körpersprache nennen. Geht man etwa, wie auf Abbildung 69 mit gestrecktem linken Arm vorwärts und nimmt die linke Schulter mit vor, so folgt das Pferd diesem Vorwärtsimpuls automatisch mit einer Verschnellerung der Gangart.

Am Ende sollte das Pferd etwa einen Meter vom Ausbilder entfernt in gerader Linie vorwärtsgehen. Damit es das richtig lernt, soll man die Übung – vor allem im Trab – zunächst auf wenige Schritte beschränken und die Strecke dann verlängern.

Hierbei ist die Gerte wieder wichtig. Sie verhindert, daß das Pferd nach innen kommt oder versucht, vorn im Bogen um den Menschen herum zu gehen. Die Hand mit der Gerte geht dann weiter nach vorn-oben (Abb. 70), die rechte Schulter geht bremsend vor. Das Pferd interpretiert die Körpersprache und den Einsatz der Gerte richtig und hält in seiner Bewegung inne. Die Ohren spielen aufmerksam, es ist ein wenig unsicher hinsichtlich dessen, was es falsch gemacht hat.

Der Ausbilder sagt wieder «Schschhhh!» und bringt den Pferdekopf sachte in gerade Richtung. Dann erfolgt die Aufforderung «Scheritt!», und die Gerte geht aufmunternd zur Kruppe zurück.

Nach ganz wenigen Malen schon hat das Pferd gelernt, was verlangt wird, und führt es richtig aus – falls man es jeweils auch gründlich gelobt hat. Das Pferd hat nun gelernt:

auf Gertenführung und «Komm» oder «Scheritt!» vorwärtszugehen;
auf die Körpersprache zu achten;
der Bewegung der Kette nach vorn zu folgen.

Man könnte nun einwenden, daß es auch vorwärtsgeht, wenn der Ausbilder ganz normal neben ihm geht. Doch die Arbeit zwischen zwei Händen wird beim Lesen der nächsten Kapitel verständlich. Sie dient vielerlei Zwecken:

Sie ist Ausgangspunkt für jede Art von Longieren;
sie hilft beim Verladen;
sie ist unersetzlich, wenn man sich später sein Pferd zum Aufsitzen heranholen und es ruhig stehenlassen will;
sie ist immer dann nützlich, wenn das Pferd sich weigert, irgendwohin zu gehen, wohin es nicht gehen will: etwa über einen kleinen Graben, an einem schreckerregenden Gegenstand vorbei.

Ist ihm das Antreten auf Gertenberührung auf der Kruppe erst einmal zum Reflex geworden, erspart man sich später eine Menge Schwierigkeiten. Und alles, was das Pferd bis jetzt gelernt hat, tat ihm nicht weh, war nicht zu schwierig, wurde gelobt und weckte sein Interesse an weiterer Arbeit.

81

Vor allem aber nimmt es Un-Übliches und Un-Natürliches wesentlich gelassener hin.

Bis hierhin ist die T.E.A.M.-Arbeit *Pflicht* für jedes Pferd. Auch wenn es im Verlauf des Buches nicht immer wieder eigens gesagt wird, beginnt alle Arbeit am Boden mit
- Anbinden und Stillstehen
- Gertenarbeit
- Führen
- Arbeit zwischen zwei Händen

Ob dann alle oder nur einige der folgenden Lektionen durchgearbeitet werden, hängt vom jeweiligen Pferd und seinen eventuellen Problemen, aber auch von Zeit und Lust des Ausbilders ab. Je umfänglicher und abwechslungsreicher das Lernprogramm ist, um so mehr profitiert jedes Pferd davon.

Weiterführende Übungen

Longieren an der kurzen Leine
Das Longieren an der kurzen Longe – dem normalen Führseil – hat den Zweck, das Pferd in der Biegung geschmeidiger zu machen und es zu lehren, auch aus etwas größerer Entfernung auf unsere Anweisungen zu hören: beim

Abb. 71

Abb. 72a

«Hoo!» der Stimme und der Bewegung der Gerte vor der Nase anzuhalten (Abb. 71), auf die Kommandos «Scheritt» und «Terrab» sowie eine Berührung der Gerte hinten anzutreten und zu beschleunigen. Es ist im Grunde eine Erweiterung der Arbeit zwischen zwei Händen. Sie bringt dem Pferd einen vertrauensvollen, langen Schritt bei mit frei schwingendem, tiefem

Abb. 73

Abb. 72b

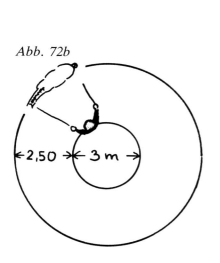

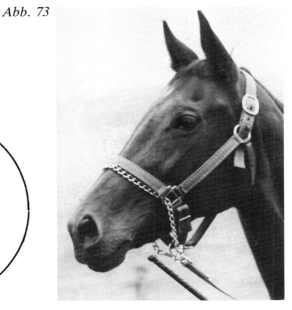

Kopf sowie das furchtfreie gelassene Warten auf das nächste Kommando ohne Ziehen und Zerren an der Kette. Jedes normale Pferd kann diese Übung innerhalb von 10 Minuten lernen, wenn es vorher von der rechten und der linken Seite richtig geführt und zwischen zwei Händen gearbeitet wurde.

Viel zu viele Pferde werden anfangs an der üblichen langen Longe mit der Peitsche herumgetrieben, bis sie aus Angst und nicht aus Verständnis für den Vorgang reagieren. Auch von sich aus tobt ein junges oder ängstliches oder ungehorsames Pferd am Ende der 7-Meter-Longe oft unkontrolliert herum; für den Laien oder den nicht sehr starken oder geschickten Trainer eine allzu bekannte, mißliche Situation. Wir möchten aber, daß unser Pferd innerhalb der Reichweite der langen Gerte ruhig um uns herumgeht. Dazu läßt man die Führleine langsam heraus, bis man nur noch das Ende in der Hand hat, und veranlaßt das Pferd, sich vorwärts zu bewegen, indem man es mit der Gerte antippt.

Will man es im *Schritt* leiten, richtet man die Gerte auf einen Punkt oberhalb des Sprunggelenkes.

Zum *Trab* wird die Gerte angehoben (Abb. 72a) bis oberhalb des Schweifes, um das Tempo zu verstärken. Der Longierende sollte dabei immer etwas hinter dem Gurt stehen.

Beim Trab kann man den Zirkel etwas größer machen, indem man sich einen inneren Zirkel von etwa 3 m aufzeichnet und sich darauf bewegt. Das vergrößert den äußeren Zirkel, auf dem das Pferd sich bewegt, beträchtlich (Abb. 72b).

Anfangs wird, wie in Abbildung 71 gezeigt, als Zeichen zum Langsamerwerden die Gerte leicht vor die Nase gebracht und dann zu Boden geführt. Später genügt es, wenn man die erhobene Gerte einfach zu Boden sinken läßt.

Galoppieren lassen wir das Pferd auf dem kleinen Zirkel nicht; wenn es allein auf Stimme im Schritt und Trab reagiert, hat es seine Lektion begriffen.

Bei dieser einfach klingenden Übung ist es wichtig, sich vom Pferd nicht beliebig durch die Bahn schleppen zu lassen. Um sich nicht eng biegen zu müssen, weichen viele Pferde gern vom Kreis ab, indem sie einfach geradeaus weiterlaufen oder den Kreis vergrößern – den Trainer am Ende der Führleine hinter sich. Im Schritt kennzeichnet man seinen Standpunkt am besten dadurch, daß man den Absatz in den Sand dreht und dort stehenbleibt und das Pferd weder hereinkommen noch weglaufen läßt. Falls nötig, bittet man einen Helfer, das Pferd zunächst von außen zu führen, bis es die Übung und die Kommandos akzeptiert.

Wenn man die Kette nicht im obersten Ring der entgegengesetzten Seite einhakt, sondern – um die Nase herum – durch den unteren Ring unters Kinn zurückführt (Abb. 73), kann man beliebig *links- und rechtsherum* longieren, ohne die Kette umschnallen zu müssen.

Labyrinth
Dieses Hindernis wird anfangs mit 6 Rundhölzern von etwa 4 m Länge so ausgelegt, wie auf Abbildung 77 ersichtlich: es kann später vergrößert werden. Das Pferd muß im Labyrinth eine Serie von Biegungen nach rechts und nach links ausführen, dazwischen geradeaus gehen und auf Wunsch des Ausbilders in jeder Position anhalten. Damit es dies kann, muß man das Labyrinth Schritt um Schritt, langsam und konzentriert durchschreiten – anders wird die volle Biegung des Pferdekörpers nicht erreicht.
Die Pferde lernen unendlich viel dabei. Nervöse Pferde lernen, daß sie besser zurechtkommen, wenn sie langsamer werden und genau auf die Zeichen des Ausbilders achten. Faule, uninteressierte Pferde lassen sich bald durch die abwechslungsreichen Figuren fesseln und beginnen, auf die sachten Anweisungen der Gerte und die Körperbewegungen des Menschen aufmerksam zu achten. Pferde, die sich vor der Gerte fürchten, lernen sie hier bald zu akzeptieren, da sie ihnen nie wehtut, wohl aber hilfreich beim Begreifen der Aufgabe ist. Pferde mit unkoordinierten Bewegungen finden eine bessere Balance, und steife Pferde lernen ohne das Reitergewicht auf ihrem Rücken sich zu entspannen und den Körper geschmeidig um die Stangen herum zu biegen.

Es gibt drei grundlegende Arten, das Labyrinth zu bewältigen.
1. Beim erstenmal führt man das Pferd ganz normal hindurch, hält die Führleine in der rechten Hand am Ende der Kette fest, während die Linke das Ende der Leine und die Gerte hält (Abb. 74). Nun schreitet man das Labyrinth ruhig ab, um das Pferd mit den Stangen und den seltsamen

Abb. 74

85

Mustern vertraut zu machen. Man läßt das Pferd dabei nicht an sich vorbeieilen, hält die Hand in Höhe des Halfterringes und streckt den Arm etwas aus, um leichten Abstand zu halten: das Pferd braucht Raum, um zu sehen, wohin es tritt.

Man geht mit sehr kurzen Schritten durch das Labyrinth – etwa halb so langen wie normal. Pferde ahmen uns instinktiv nach, und wenn *wir* langsam gehen, tun *sie* es auch. Je langsamer sie aber eine Übung durchführen, um so mehr denken sie darüber nach.

Das Pferd wird kaum Probleme haben, bis es an die erste Wendung kommt, wo – die Abbildung 74 macht es deutlich – nur ganz wenig Raum ist, den Körper innerhalb der Stangen zu biegen. Man muß ihm hier Zeit lassen, die Hufe zu sortieren. Die scharfen Biegungen des Labyrinths bringen es dazu, sich zu überlegen, wo seine Beine sich befinden und wie es sie setzen muß. Daß die Hinterbeine den vorderen einfach folgen, kann es nicht annehmen, dazu liegen die Stangen zu dicht beieinander. Es muß genau überlegen, wohin es jeden einzelnen Fuß setzt, und dieses Problem ist ihm neu. Fast alle Pferde gehen mit sichtbarer Aufmerksamkeit das Labyrinth an. Hakt es bei einem Pferd an irgendeiner Stelle aus und bleibt es einfach stehen, tippt man mit der Gerte leicht das Hinterbein an, das sich als nächstes bewegen muß. Rennt es nach einer Ecke weiter, hält man es gleich an, indem man entweder nur ein leichtes Zeichen mit der Kette gibt oder ihm notfalls mit dem dicken Ende der Gerte auf den harten Teil der Nase klopft – nicht aggressiv, sondern nur so, daß es weiß, es darf nicht stürmen. Sowie es steht, bringt man die Gerte nach vorn und hält sie etwa 50 cm vor seine Nase zum Zeichen des Stillstehens. Oft ist es nötig, daß der Führende außerhalb der Balken

Abb. 75

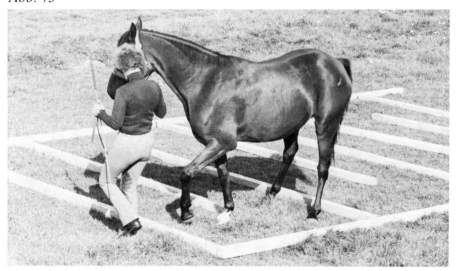

geht, damit das Pferd genügend Bewegungsraum hat. Die Bewegungen des Pferdes sind von geradezu tänzerischer Leichtigkeit (Abb. 75).
Geht das Pferd schließlich völlig gelassen durch das Labyrinth, kann man zur zweiten Art übergehen.

2. In dieser Phase soll das Pferd lernen, auf die leisesten Bewegungen des Führers achtzugeben und ihnen zu gehorchen, auf die Sprache seines Körpers hinzusehen und sich auf eine Weise zu konzentrieren, die *ent*spannend wirkt statt *an*spannend, so daß es Geduld lernt und gleichzeitig aufmerksam bleibt.
Sowie man das Labyrinth betreten hat, dreht man sich um und *sieht das Pferd an* (Abb. 76). Man steht etwa 70 cm von ihm entfernt und am besten ein wenig zur Seite, damit es einen nicht versehentlich überrennen kann, wenn es schneller werden möchte. Den rechten Arm hält man, etwa 30 cm vom Ende der Kette entfernt, etwas ausgestreckt, das Führseil und die vor dem Körper gekreuzte Gerte in der Linken. So beginnt man rückwärts durch das Labyrinth zu gehen, während das Pferd Schritt um Schritt folgt – wiederum in kurzen, langsamen Schritten. Nach einem oder zwei Schritten hält man an, wartet 15 Sekunden, macht wieder einen oder zwei Schritte und hält wieder an. Die rechte Hand – wie üblich in Höhe des Halfterringes – macht eine kleine Bewegung zum Zeichen des Vorwärtstretens; zum Zeichen des Anhal-

Abb. 76

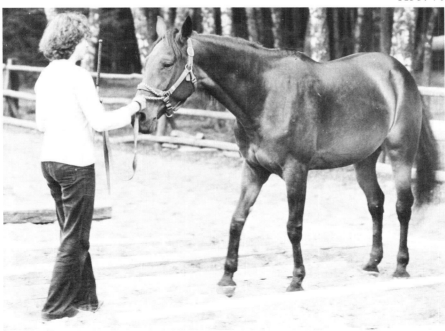

tens macht die Linke eine kleine abwehrende Bewegung auf die Nase zu. Bei den ersten Stops kann es erforderlich sein, wieder mit dem Gertenende leicht auf die Nase zu klopfen. Steht das Pferd, lobt man es sofort durch ein Rubbeln auf der Nase, damit es merkt, daß der Klopfer nicht böse gemeint war. Die meisten Pferde lernen schon nach dem dritten Durchgang durchs Labyrinth, auf das winzigste Zeichen hin anzuhalten und vorzutreten.
Die Wichtigkeit, die diese Übung für das Reiten hat, sollte man sich genau vorstellen. Ein nervöses oder verspanntes Pferd hat unter dem Sattel zuviel unkontrollierbaren Vorwärtsdrang; es wartet die Zeichen von Hand und Schenkel nicht ab und reagiert auf das Gebiß viel zu heftig. Indem man ihm nun eine Anzahl neuer Zeichen beibringt, vermittelt man seinem Verstand mehr Arbeits- und Lehrinformation – es versteht allmählich, daß es stets auf Zeichen von uns warten muß, ganz gleich welcher Art. Ein träges oder uninteressiertes Pferd wird durch diese Arbeit aufmerksamer.

3. In dieser Phase schließlich wird das Hinmerken auf die Gerte vertieft, erfolgt nunmehr ganz ohne Angst. Man nimmt die Stellung *zwischen zwei Händen* ein (Abb. 77). Das Pferd anschauend, hält man das ganze Führseil in der linken Hand am Ende der Kette, die Gerte in der rechten. Beim Eingang zum Labyrinth liegt die Gerte leicht auf der Kruppe des Pferdes, das ruhig dastehend ein Zeichen zum Antreten erwartet. Man hebt nun die Gerte und tippt leicht an, während man gleichzeitig – in Blickrichtung zum Pferdehals

Abb. 77

stehend – mit der linken Hand ein kleines Kettensignal zum Vorwärtsgehen gibt. Nach zwei, drei Schritten hält man an, indem man gleichzeitig die Gerte zum Antippen vor die Brust nach vorn bringt und mit der Linken an der Kette ein Zeichen zum Stop gibt. Das Antippen auf der Kruppe zum Vortreten und vor die Brust zum Anhalten sind Signale, die dem Nervensystem neu sind, neue Zellen aktivieren. Das Gehirn entwickelt mehr Lernfähigkeit. Es lehrt das nervöse Pferd, gelassener zu werden, es lehrt das unempfindlichere (oft fälschlich faul genannte) neuen Sinneseindrücken mehr Beachtung zu schenken und damit schneller auf unsere Zeichen zu reagieren.

Hat ein Pferd die Neigung, allzu schnell um die Ecken zu fegen und dabei über die Stangen zu treten und sie vielleicht aus dem Muster zu bringen, so strafe man es nicht. Man bringt es ruhig zum Eingang zurück, arrangiert das Labyrinth notfalls neu und hebt vor der ersten Kurve den Kopf des Pferdes etwas an: Es muß das Hauptgewicht auf der Hinterhand tragen, damit die Vorhand entlastet ist und die Vorderbeine die Länge des nächsten Schrittes sozusagen in der Luft ändern und den Gegebenheiten anpassen können.
Sowie man das Labyrinth durchschritten hat, hält man das Pferd einen Schritt hinter dem «Ausgang» an, damit es sich nicht angewöhnt, vor Unbekanntem gleich nach der Bewältigung wegzulaufen.

Abb. 78

Diese Biegeübungen sollten – wie grundsätzlich alle T.E.A.M.-Übungen – anschließend von der anderen Seite vorgenommen werden. Dazu wechselt man die Kette von Seite zu Seite, auch Gerte und Führseil entsprechend; zur Biegung nach links werden sie in der rechten, zur Biegung nach rechts in der linken Hand gehalten.

Man muß diese Übungen nicht oft wiederholen. Führt man das Pferd einige Tage je fünf- oder sechsmal durch das Labyrinth, so lernt es eine Menge: seine Füße auf eine ganz neue Art zu bewegen, mitzudenken und gleichzeitig eine bessere Balance zu gewinnen.

Durchs Labyrinth anschließend zu *reiten* ist eine ausgezeichnete Übung zur Vertiefung des gewonnenen Gleichgewichts; es erleichtert alle weiteren Biegungen unter dem Sattel (Abb. 78). Der Reiter muß genau in der Mitte des Sattels sitzen und in der Kurve sein Gewicht auf die *äußere* Hüfte legen (auf dem Foto die linke), um dem rechten Hinterfuß das Abheben und Aufsetzen zu erleichtern. Es ist deutlich zu sehen, wie die vorangegangenen Übungen an der Hand die Geschmeidigkeit des Pferdes erhöht haben.

Rückwärtsrichten
Manchen Leuten scheint es schwerzufallen, ihren Pferden das Zurücktreten beizubringen. Probiert man es gleich vom Sattel aus, etwa in dem man heftig

Abb. 79

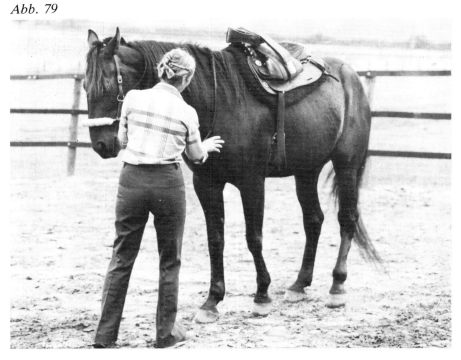

am Zügel rückwärts zieht, so ist dies für das Tier schmerzhaft oder zumindest tief verwirrend; von Natur aus bewegt sich das Pferd ja nicht zurück, sondern stets – als Fluchttier – reflexartig nach vorn oder weicht seitlich aus. Es verspannt also seinen Körper gegen diese seinem Instinkt absolut widersprechende Bewegung, was wiederum seine Lernbereitschaft blockiert.

Dabei ist ihm das Rückwärtstreten vom Boden aus ganz einfach beizubringen.

Man nimmt mit der linken Hand das Kettenende da, wo es aus dem Halfter kommt (d.h. nicht, wie sonst, an der Stelle, wo die Kette in das Seil eingehakt ist). Mit dem rechten, leicht gerundeten, also nicht spitz vorstoßenden Daumen drückt man nun – die Hand mit den übrigen Fingern leicht gegen die Schulter gelegt – exakt auf die Spitze des Schulterknochens; dort löst der Druck einen Reflex aus, der das Pferd zurücktreten läßt (Abb. 79). Dabei sagt man deutlich und ruhig: «Zuu-rück!, zuu-rück!» Die linke Hand hebt derweilen den Kopf ganz leicht an, weil nur so das Pferd sein Gewicht vermehrt auf die Hinterhand legen und die Vorhand zum Rücktreten entlasten kann.

Man drückt nun – läßt los – drückt (falls erforderlich) wieder und läßt abermals sofort los, immer zum gewohnten Stimmkommando: «Zuu-rück!» Gleichzeitig zupft man leicht an der Kette. Nur sehr wenige Pferde treten auf diese Zeichen/Kommando-Kombination nicht problemlos zurück.

Nach dem 2. oder 3. Rückwärtsrichten bricht man die Übung jeweils ab und lobt das Pferd.

Abb. 80

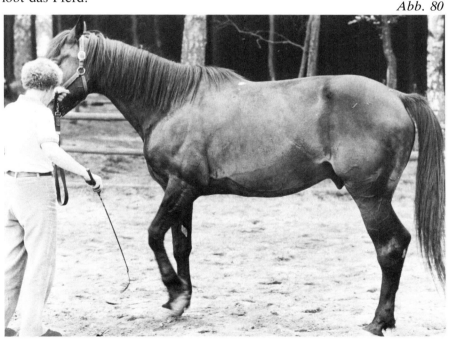

Ist das Rückwärtsrichten so (mit jedesmal nicht mehr als 3 Schritten!) ein paarmal gelungen, so gibt man mit der linken Hand an der Kette wieder das Zeichen zum Rückwärtstreten, hält dabei nun aber in der rechten die Gerte und tippt – mit Stimmkommando: «Zuu-rück!» – leicht gegen die Brust.
Ist das ganz klar (nach abermals nur wenigen Wiederholungen und wenigen Schritten), tippt man mit der Gerte statt an die Brust an den Fuß (Abb. 80), bis das Pferd ihn zurücksetzt, dann an den anderen. Jedesmal lernt das Pferd mehr und schneller, versteht es differenzierter, was man meint.

Nochmals: Das Pferd kann nicht zurücktreten, wenn es sein Gewicht auf die Vorhand verlagert hat. Deshalb erleichtert man sie, indem man seinen Kopf ganz leicht anhebt. Das gilt für Rückwärts- und Seitwärtstreten.

Versucht man das Zurücktreten dann erstmals vom Sattel aus, so läßt man zunächst einen Helfer vom Boden aus die bekannten Zeichen geben; so gewöhnt das Pferd sich spielend daran, die Bewegung auch mit Gewicht im Sattel auszuführen. Klappt das, kann der Reiter sich vorbeugen und mit der Gerte gegen die Brust tippen, wobei er gleichzeitig den Zügel kurz annimmt und losläßt. Nach ein paar Lektionen kann man die Gerte vergessen, dann auch das Stimmkommando: Leichtes Annehmen des Zügels bei ebenso leichter Entlastung des Sattels genügt dann.

Man sollte sich nur hüten, das Rückwärtsrichten – vom Boden aus wie im Sattel – zu lange auszudehnen und zu oft zu wiederholen. Allzu leicht lernen Pferde, sich den treibenden Hilfen nach rückwärts zu entziehen – sei es aus Mißverständnis oder aktivem Widerstand.

Abb. 81

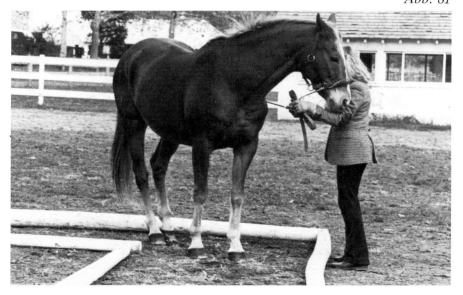

Großes L

Für das Große L werden zwei Stangenpaare im rechten Winkel zueinander auf den Boden gelegt; die Innenbahn sollte etwa 1 m breit sein (Abb. 81). Man benutzt es zu verschiedenen Übungen: vorwärts und rückwärts hindurchgehen, seitlich über die Stangen treten, eine halbe Vorhandwendung über Eck machen und anderes mehr. Das recht enge Große L lehrt das Pferd, diszipliniert und gut koordiniert mitzuarbeiten.

Wichtig ist hier wie immer, daß der Ausbilder die Geduld nicht verliert oder sich aufregt, wenn das Pferd die Aufgabe zuerst nicht versteht und schlecht erledigt. Das liegt immer daran, daß man sich selber nicht genau überlegt, wie man sie ihm ganz deutlich macht. Noch verkehrter freilich wäre es, das so einfach aussehende Große L nun auch nur einfach zu durchlaufen; damit wäre seine Nützlichkeit völlig vertan.

Man beginnt damit, das Pferd vorwärts langsam hindurchzuführen, damit es sich das «Ding» ansehen kann. Viele Pferde können zu Beginn nicht abschätzen, wie hoch die Stangenabgrenzung ist und wie weit von ihren Hufen entfernt. Wertvoll ist wieder, daß diese Aufgabe das Pferd zunehmend zuversichtlicher macht beim Abschätzen von Gegenständen, die es in seiner natürlichen Umgebung nicht gibt oder vor denen es davonlaufen würde.

Beim nächstenmal führt man es nur bis zur Biegung hinein und läßt es dann zurücktreten. Dabei tippt man mit dem dicken Ende der Gerte immer gegen das Bein, das sich zurückbewegen soll.

Beim drittenmal führt man es um die Ecke herum, läßt es zur Ecke zurücktreten und dann, indem man mit dem dünnen Ende der Gerte an die Hinterhand tippt, zwei Schritte einer Vorhandwendung ausführen. Zwei weitere Schritte zurück – dann treten die Vorderfüße um die Ecke, indem man sie einzeln durch Antippen mit der Gerte seitwärts bringt. Dann bis zum Ende rückwärtstreten lassen.

Manchmal tritt das Pferd über eine Stange; nicht bestrafen – das passiert immer einmal. Man geht ein paar Schritte vor, beruhigt und ermuntert das Pferd mit freundlichen Worten und beginnt von neuem. *Der Lernprozeß ist wichtiger als die sofortige richtige Ausführung.* Hat das Pferd die bisher geschilderten Übungen alle gemacht, begreift es auch diese bald.

Wenn man nun vom Boden aus beginnt, dem Pferd beizubringen, auf das Anlegen der Gerte hin mehrere Schritte *seitwärts* zu treten, so lernt es die notwendige Koordination für spätere Seitenarbeit unter dem Sattel fast im Spiel. Die Kette wird dazu so verschnallt, wie auf Abbildung 73 gezeigt, damit sie den Kopf nicht seitwärts zieht. Man steht, um das Pferd nach rechts zu bewegen, links neben seiner Nase, die linke Hand dicht am Halfter, und berührt mit der Gerte in der rechten Hand in *voller Länge* die Seite des Pferdes (nicht nur mit der Spitze: das würde als Zeichen zum Seitwärtstreten der Hinterhand mißverstanden). Während man die Gerte mehrfach ruhig anlegt, bewegt man sich mit dem Körper nach links, schiebt dabei den Pferdekopf von sich weg, ohne ihn aus der Geraden zu bringen (Abb. 81).

Unsere Bewegung zeigt dem Pferd am deutlichsten, was wir von ihm wollen. Bewegt sich das Pferd leicht zur Seite, stellt man es so, daß sich eine der Stangen des Großen L zwischen Vorder- und Hinterbeinen befindet (Abb. 82). Man bewegt es nur ein paar Schritte nach links und einige Schritte nach rechts, (aus der umgekehrten eigenen Position führend). Die meisten Pferde können in dieser Stellung die Höhe der Stangen schlecht kalkulieren und fürchten sich, darüberzutreten. Von der Mitte aus ist es dann leichter, sie nach beiden Seiten wegtreten zu lassen.

Diese Übung wird in den auch in Europa wachsend beliebten «Trail»-Klassen oft als Test verlangt und kann unter dem Sattel leicht nachgemacht werden, wenn das Pferd sie erst einmal vom Boden aus gelernt hat.

Seitwärts über eine Stange zu treten ist für ein Pferd keine «natürliche» Bewegung. Es lernt abermals, neue Bewegungen zu koordinieren und mit dem Auge aus einem ungewohnten Blickwinkel heraus abzuschätzen.

Stangen

Indem wir Stangen in unterschiedlichen Mustern, Abständen und Höhen auf dem Boden auslegen, lehren wir unser Pferd nun, den Kopf tiefzunehmen und zu schauen, wohin es geht – sich mit dem, was es tut, tatsächlich zu beschäftigen, seine Bewegungen zu kontrollieren und abzuschätzen. Die meisten Pferde haben in ihrer modernen Umgebung von Stall, Auslauf oder Weide dazu keine Gelegenheit mehr. (Boxenpferde erfahren ihre Umwelt sowieso nur in krüppelhafter Weise.)

Wenn ein Pferd den Kopf senkt, um zu sehen, wohin es tritt (s. Abb. 99), befindet es sich nicht mehr in Fluchtposition. Es lernt, seine Augen auf eine neue Weise zu benutzen und abzuschätzen, was seine vier Füße einzeln tun. Die individuelle Bewegung jedes einzelnen Fußes zu verfolgen und jeden einzeln verschieden aufzusetzen, entwickelt abermals seine Fähigkeit zum Lernen.

Wir beginnen meist mit 6 Stangen am Boden, etwa einen Meter voneinander entfernt, und führen das Pferd im Schritt hindurch. Vor der ersten Stange halten wir an, bücken uns tief nach vorn-unten, und zupfen ganz leicht an der Kette, bis das Pferd unsere gebeugte Stellung nachahmt und seinen Kopf auch nach unten senkt. Nun führen wir es mit vorgestrecktem Kopf am langen, gesenkten Hals über die Stangen. Ein nervöses Pferd muß man vielleicht einige Male hin und her führen, ehe es den Kopf nach unten nimmt. Doch ehe Kopf und Hals nicht vorwärts-abwärts gestreckt sind, ist die Übung nicht gelungen.

Um begreiflich zu machen, was wir wollen, können wir auch hier – wie bei den anderen Übungen – anfänglich aus der flachen Hand oder aus einer flachen Schüssel etwas Futter reichen: diesmal möglichst tief unten (s. Abb. 150)

Fällt das Hindurchgehen dem Pferd nach einigen Versuchen leicht, so ändern wir die Abstände der Stangen. Meist bringt man sie dichter zusammen – auf

Abb. 82

etwa einen Schritt Abstand. Das ist von Pferd zu Pferd natürlich verschieden, und man muß korrigieren, bis es paßt und dem Pferd leicht-, nicht schwerfällt. Nach ein paar Durchgängen ändert man die Abstände wieder, um die Aufmerksamkeit wachzuhalten und es zu lehren, die Gliedmaßen abwechselnd zu bewegen.

Nun legt man die Stangen wieder einen Meter entfernt voneinander hin und *trabt* das Pferd hindurch. Solange die Stangen flach am Boden liegen, kann man auch Vierkanthölzer nehmen; bei allen Lektionen mit angehobenen Stangen jedoch sollte man unbedingt Rundhölzer verwenden, weil das Pferd sich sonst sehr leicht beim Anstoßen an den Fesselköpfen verletzen kann. Man macht es dem Pferd so leicht wie möglich – wie immer.
Manche Pferde erschrecken vor der auf- und niederhüpfenden Person neben sich, doch dauert es wieder nur eine kurze Weile, ehe sie sich daran gewöhnt haben. Mit jeder Lektion, die leicht und genau ist, wird das Fundament zu einer weiteren, schwierigeren Lektion gelegt, die dann auch immer einfacher wird.
Man trabt das Pferd so hindurch, daß seine Nase sich neben unserer Schulter befindet (Abb. 83) und mit etwa einem Meter Abstand (nicht weniger!); klappt das reibungslos, wechseln wir die Anforderungen.
Das Traben über bequem – nicht zu eng – liegende Stangen verhilft unter anderem einem isländischen Paßgänger dazu, den Trab zu lernen (wie es die Abbildung zeigt).
Klappt das Durchtraben reibungslos und in gleichmäßigem Tempo, so erhöhen wir die Anforderungen. Nun soll das Pferd hinter uns her laufen – eine ausgezeichnete Übung, es daran zu gewöhnen, uns in schwierigem Gelände,

Abb. 83

über enge Pfade und ähnliches so zu folgen, daß es uns weder auf die Hacken tritt noch uns überrennt. Kommt es einem zu nahe, wedelt man abwehrend mit der Gerte vor seiner Nase herum.

Abb. 84

Abb. 85

Nun hebt man die Stangen *abwechselnd* so an, daß jeweils ein Stangenende rechts oder links auf kleine Tonnen (Abb. 84) oder Heuballen aufgelegt wird, und geht wieder im Schritt hindurch (Abb. 85). Manchmal ist das eine schwierige Übung, aber wenn wir langsam genug vorgehen und uns exakt neben seiner Nase halten und den eigenen Kopf tief nach unten senken, geht das Pferd meist vertrauensvoll mit. Klappt es nicht, gehen wir zurück zum Einfacheren: heben nur jede zweite Stange an und lassen zwischendurch eine am Boden liegen. Der Abstand sollte im Schritt etwa 40 cm betragen; nach einigen gelungenen Durchläufen kann man dann Geschwindigkeit und Abstände variieren: eine Stange viel höher legen, zwei auf den Boden legen, dann zwei Stangen auf einen Ballen legen – alles das läßt das Pferd überlegen, was es tut. Die unterschiedlichen Höhen und Abstände trainieren die Rückenmuskeln des Pferdes. Sowie es sich an ein Muster gewöhnt hat, legt man ein anderes aus: Auf ein weites Ausschreiten folgt ein enges Auffußen, auf einen flachen Tritt einer über 50 cm Höhe. Für jeden Schritt muß es seinen Körper anders einsetzen; es muß dem Aufsetzen der Hinterfüße noch mehr Aufmerksamkeit schenken als beim Labyrinth; sie können nicht einfach den Vorderfüßen folgen, denn vielleicht ist die Stange, über die die Hinterfüße treten müssen, sehr hoch, während die Vorderfüße bereits einen flachen, weiten Schritt machen.

Verspannt sich ein Pferd sehr, kann man auch *alle Stangen einer Seite gleich hoch und das andere Ende auf den Boden* legen; dann geht man von jeder Seite einmal hindurch. Das gibt dem Rücken – dem oft schmerzenden! – gleichmäßige Bewegung, und normalerweise kann man schon nach 10 Minuten feststellen, daß sich der Rücken freier bewegt, besser schwingt. Worauf man dann zur Steigerung des Programms übergehen kann.

Abb. 86

Pferde, die solcherart ganz frei und selbstsicher geworden sind, folgen dem Ausbilder schließlich gelassen und an der langen Führleine durch wie immer gelegte Stangen im Schritt und im Trab (Abb. 86).

Alles, was bisher von links geübt wurde, sollte nun – nachdem die Kette von links nach rechts gewechselt wurde – *auch von der rechten Seite* geübt werden. Das verbessert nicht nur die Koordination des Pferdes sondern auch die des Ausbilders!
Pferde werden durch unsere eigenen Bewegungen viel mehr beeinflußt, als wir denken. Sie neigen dazu, uns nachzuahmen und «widerzuspiegeln»; deshalb achte man stets darauf, genügend Abstand zwischen unserem Körper und dem seinen zu halten, damit es ausreichend Beobachtungsraum hat. Stolpert es zum Beispiel oder stößt es mit den Zehen gegen die Balken, so hebe man die eigenen Beine übertrieben hoch an – und man wird staunen, wie schnell seine Leistung sich verbessert.

Stern
Zum Stern legt man 4–6 Stangen mit einem Ende auf einen Ballen Stroh oder eine kleine Tonne oder dergleichen und legt die anderen Enden fächergleich auf dem Boden aus, etwa 70 cm voneinander entfernt. Dieses Hindernis dient dazu, dem Pferd verstärkt beizubringen, Kopf und Hals zu senken, um genau sehen zu können, wohin es zu treten hat, um seinen

Abb. 87

Körper entspannt in die Rundungen des Sterns zu bringen. Man sucht sich dabei die Stelle des Durchgangs entsprechend den Schritten seines Pferdes aus: macht es kürzere Schritte, geht man näher zur Mitte, andernfalls mehr zum Außenrand hin. Auch kann (und soll) man die eigene Position wechseln: mal von innen, mal von außen führen. Nahe der Mitte muß das Pferd die Füße höher nehmen, nahe dem äußeren Rand weitere Schritte machen. Hier bleibt der Gymnastizierung weiter Raum.
Macht die Höhe der Sternmitte zu Anfang Schwierigkeit, legt man die Stangen niedriger, etwa auf einen Autoreifen, und erhöht sie allmählich. Macht die Enge der Biegung Schwierigkeiten, kann man die Sternmitte auseinanderziehen und die Pfosten auf eine Stange zwischen zwei Tonnen oder ähnliches legen (Abb. 87). Wichtig ist nur, daß man die Anordnung mit Verstand so trifft, daß das Pferd den Durchgang stets mit einem kleinen Erfolgserlebnis beendet. Es ist dann um so eher bereit, beim nächsten Mal etwas Komplizierteres zu versuchen. Die Vorstellung, daß Mensch und Tier «im Schweiße ihres Angesichts» lernen und arbeiten müssen, ist altmodisch und auch wissenschaftlich überholt, da sie die Funktion von Gehirn und Nervensystem nicht beachtet. Je erfolgreicher ein Lernprozeß abläuft, um so größeres Interesse weckt er beim Schüler und um so einfacher ist darauf aufzubauen.
Diese Lektion ist besonders gut unter dem Reiter auszuführen: Der Reiter sitzt leicht und ein wenig nach innen, er gibt mit dem Zügel besonders weit nach und senkt den Kopf so, wie auch das Pferd ihn senkt, so daß es ungestört, mit schwingendem, gelöstem Rücken und eigener Aufmerksamkeit hindurchgehen kann (Abb. 88).

Abb. 88

Grill
Wiederum ein exzellentes Hindernis, dem Pferd Selbstvertrauen und Koordination beizubringen, ist der Grill. Das Pferd lernt, jeden Fuß auf wieder andere Weise einzeln vorsichtig aufzusetzen, was seine Aufmerksamkeit schärft und ihm mehr willkürliche Kontrolle über seine Bewegungen einbringt.

Der Grill kann auf verschiedene Weise ausgelegt werden, wobei wir wiederum mit dem Einfachsten beginnen und die Anforderungen langsam steigern. Zunächst legen wir 4 Stangen, leicht erhöht, mit 35 cm Abstand hin. Das Pferd muß den Kopf senken und langsam und vorsichtig hinübergehen. Das ist gegen seinen angeborenen Instinkt, in unsicherer Lage schneller zu werden (Abb. 89).

Zu Beginn sollte man diesmal – wenn möglich – viereckige Stangen nehmen, die nicht beim ersten Antippen eines Hufes wegrollen. 2 Stangen legt man parallel zueinander mit 2 m Entfernung auf den Boden, quer darüber legen wir die restlichen 4 Stangen, etwa 50 cm voneinander entfernt. Sehr vorsichtig geht man darüber weg und hebt die Füße übertrieben hoch an, damit das Pferd die Bewegung nachahmt. Dabei bleibt man etwa 1 m vor seiner Nase, um ihm genügend Platz zu geben, die Bewegungen vor ihm zu beobachten und Gefühl dafür zu gewinnen, wie es das am besten nachahmen kann.

Abb. 89

Wurde ein Pferd gestraft, wenn es Fehler machte, oder ist es immer noch zu ängstlich, so versucht es vielleicht, hinüberzurennen, wenn es versehentlich eine Stange berührt. Werden Sie langsamer! Sowie man sich dem Grill nähert, bleibt man – wie üblich – stehen und senkt den Kopf. Das Pferd steht dann etwa 1 m von der ersten Stange entfernt. Man läßt es eine Weile nachdenken, dann erst macht man einen Schritt darauf zu. Sowie es ohne Zögern hindurchgeht, bleibt man in der Mitte stehen, so, daß es eine Stange zwischen den Beinpaaren hat. Das ist schwieriger, als geradeaus weiterzugehen. Es muß überlegen, wie es die Hinterfüße bewegt, wenn es wieder antritt: Es lernt, bewußt Bewegungen auszuführen und sie zu koordinieren. Wird dieser einfache, am Boden liegende Grill leicht durchschritten, macht man ihn schwieriger, indem man entweder alle Stangen höher legt oder sie, von vorn nach hinten ansteigend (wie es die Abbildung zeigt) in verschiedener Höhe plaziert, oder indem man mehr Stangen verwendet.

Was immer wir aber auch tun: wichtig ist es, das Pferd niemals zu erschrekken, indem wir die Stangen zu hoch oder zu kompliziert hinlegen oder sie unbeweglich befestigen, ehe das Pferd wirklich gelernt hat, die Füße hoch genug anzunehmen. Wird eine Anforderung zu kompliziert, als daß sie noch mit Leichtigkeit bewältigt werden kann, verliert das Pferd allzu rasch das Vertrauen zum Ausbilder und zu sich selbst.

101

Tonnen
Aus 8 Tonnen kann man ein ganzes Schulungsprogramm aufbauen. Man kann sie zu je 4 nebeneinanderstellen und das Pferd wie durch eine Gasse hindurchgehen lassen. Dabei lernt es, ein gelegentliches Anstoßen mit dem Körper an fremde Gegenstände zu ignorieren. Man kann sie hintereinander aufstellen, mit wechselnden Abständen, und das Pferd im Slalom darum herum führen – das verbessert die Beweglichkeit des Körpers, und zwar um so mehr, je näher wir sie am Ende zusammenstellen. Man kann Kurven damit simulieren (Abb. 90) und das Pferd zuerst vorwärts und dann rückwärts hindurchgehen lassen.
Durch ein so enges Gebilde zu gehen, macht Angst. Man beruhigt das Pferd, läßt es die Gegenstände so lange beschnuppern, bis es sich entspannt und durchatmet. Es verlangt Selbstkontrolle, in schmalem Gang mitten in einer Biegung stehenzubleiben und auf ein kleines Zeichen des Ausbilders zu warten, um sich wieder vorsichtig in Bewegung zu setzen. Daß es nicht wegstürmen darf, weiß jedes Pferd, das nach der T.E.A.M.-Methode erzogen wurde. Gerte, Hand und Stimme helfen dem Pferd, sich zu «biegen», wenn es sich festgestellt hat (Abb 91), wobei zu beachten ist, daß der Kopf zur entgegengesetzten Seite geschoben wird (hier also nach links, wenn die Hinterhand nach rechts gebracht werden soll).

Abb. 90

Um einem Pferd die Angst vor den Tonnen zu nehmen, streut man zu Anfang ein wenig Futter darauf und läßt es wegessen. Nie darf man «energisch» vorgehen und etwa laut gegen die Tonnen schlagen. Nur ruhiges Hindurchführen zeigt auch hier, daß keine Gefahr droht.
Zu Anfang kann man die Tonnen weiter auseinanderstellen; mit zunehmender Übung und Gewöhnung lernt das Pferd, vorwärts und rückwärts durch immer engere Aufstellungen zu gehen.

Fahren vom Boden
Wir brauchen dazu zwei lange Nylonbänder oder leichte Seile, die wir in die Ringe am Führhalfter einschnallen und durch die Bügel führen (s. Abb. 124); diese werden bis etwa an den unteren Rand der Sattelblätter verschnallt. Benutzten wir eine Trense, würde sich das Pferd allzu leicht aufrollen. Das Gewicht der langen Leinen allein brächte mehr Gewicht auf die Trense als erforderlich oder wünschenswert ist und brächte das Pferd hinter den Zügel. Unsicherheit bewirkt dann automatisch noch mehr Versammlung und Verspannung, während der Sinn des Fahrens vom Boden gerade ist, den Rücken zu entspannen und den Hals länger zu machen. Das Fahren mit Halfter erleichtert dies also. Den Sattel benutzen wir, damit sich das Pferd an das Gewicht gewöhnt und die Führung der Leinen durch die Bügel unsere

Abb. 91

Zeichen zum Wenden deutlicher macht (weil der Bügel etwas zur Seite fällt, wenn wir den Zügel zum Wenden verkürzen).

Es gibt eine Anzahl von Gründen für das Fahren vom Boden. Einer davon ist, einem jungen ungerittenen Pferd beizubringen, anzuhalten, zu wenden und auf unsere Zeichen zu warten, ohne das zusätzliche und verwirrende Gewicht des Reiters im Sattel – und ohne dessen oft falsche Bewegungen und Reaktionen. Innerhalb weniger Tage können wir einem jungen Pferd viel zusätzliches Selbstvertrauen beibringen, indem wir es die genannten Signale fahrend vom Boden aus lehren: *Es ist ja nun vorn ganz allein, ohne den gewohnten Ausbilder neben seinem Kopf.*

Weitere Gründe sind diffizilerer Art. Das Gefühl der Leinen entlang dem Körper und um die Hinterhand herum vermittelt ihm ein neues Körperempfinden. Das ist besonders wichtig für ein nervöses, verspanntes Pferd, jenes Pferd insbesondere, von dem der Besitzer sagt: «Das können Sie niemals vom Boden fahren, es erschrickt vor allem, was ihm gegen die Seiten oder die Beine kommt» – dieses gerade profitiert am meisten davon. Die leichte Berührung der Leinen gibt ihm eine wachsend bewußtere Vorstellung vom Ausmaß seines Körpers. Es mag merkwürdig klingen, daß ein Pferd dies nötig hat. Doch Körperbewußtsein und Selbstbewußtsein hängen eng zusammen: Je mehr Teile seines Körpers es neu, bewußt erfährt, um so mehr Selbstbewußtsein, Selbstvertrauen gewinnt es.

Wenn ein Pferd verständnisvoll vom Boden aus «eingefahren» wurde und sich dabei voll entspannte, so weiß es, daß man auch unter dem Sattel am besten gelassen reagiert, wenn man etwa an einen Weidedraht gerät oder einen Zweig zwischen die Beine bekommt – lauter Dinge, die ein unerzogenes Pferd in Panik versetzen können.

Es ist nützlich, ein Pferd auch über Bodenhindernisse zu fahren und mit ihm ins Gelände zu gehen, damit es mit immer mehr fremden Dingen bekannt wird. Fühlt man sich dabei zu Anfang unsicher, kann man das Halfter mit der Trense vertauschen, wenn man ein schwieriges Pferd nach draußen nimmt. Noch besser freilich ist es, einen verständnisvollen Helfer dabeizuhaben.

Übungen zur «Gefahr»-Bewältigung

Die furchterregende Plastikfolie

Über Plastik gehen. Für diese Lektion braucht man dicke, steife Plastikfolie, etwa 2 x 4 m groß, und zwar möglichst sowohl schwarze als weiße. Neben der Arbeit im Labyrinth und den Stangen am Boden ist die Arbeit mit, unter und über Plastik für ein nervöses und scheuendes Pferd am heilsamsten. Unsere moderne Umwelt ist voller Plastik, die flattert, im Wind krackelt oder knallt, Sonne reflektiert oder sich bauscht – fast alle Pferde schrecken davor zurück. Gewöhnen wir nun ein Pferd an Form, Farbe, Bewegung und Geräusche von Plastik, lernt es, auch in Situationen äußersten Erschreckens zu gehorchen, uns zu vertrauen und die eigene Angst zu überwinden.

Die Beschäftigung mit der furchterregenden Plastikfolie, das Darauf- und Darübertreten und die damit verbundene Überwindung von Angst ruft so nachhaltige Wirkung hervor, daß man von einer eigentlichen Wesensveränderung des – wir denken noch einmal daran – ursprünglichen Fluchttieres Pferd sprechen kann: Danach wird fast alles akzeptiert.

Man beginnt wieder mit Einfachem, indem man die Folie am Boden ausbreitet und an den Ecken mit Steinen beschwert, damit der Wind sie nicht bewegt. Man nähert sich mit dem Pferd. Zeigt es Angst, indem es die Vorderbeine einrammt, schnaubt, nicht weitergehen will, bleibt man stehen und beruhigt es (s. Abb. 133).
Man kann die Folie zu einem schmalen, langen Streifen von etwa 30 cm Breite zusammenfalten, nähert sich ihr und bleibt stehen – tut gar nichts, versucht nicht einmal, den Kopf des Pferdes zum genaueren Hinschauen hinunterzubringen. Nach ein, zwei Minuten ruhigen Stehens, während derer man das Pferd weder mit Zureden noch Klopfen oder ähnlichem ablenkt, gibt man ihm einen Leckerbissen, tritt über den Streifen auf die andere Seite und bleibt dort stehen.
Oft faßt das Pferd Mut und kommt nach – nicht selten mit einem gewaltigen Satz. Deshalb sollte man reichlich Platz neben sich lassen und das Leitseil

Abb. 92

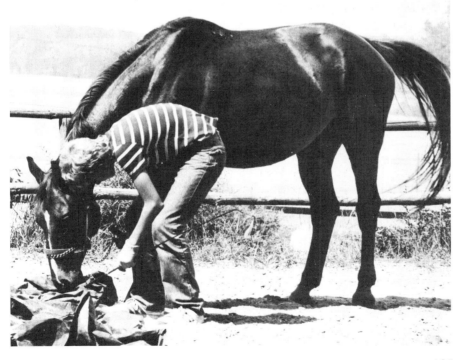

lang fassen. Man streut dann ein wenig Futter auf den Streifen, bringt den Kopf nach unten und läßt fressen.

Den Kopf nach unten zu bringen, ist bei nahezu allen T.E.A.M.-Übungen wichtig, bei der Arbeit mit Plastik ist es absolut unerläßlich. Das Pferd gehört zu den Tieren, die sich durch Beschnobern mit den Nüstern von der Ungefährlichkeit eines Gegenstandes überzeugen müssen. Ein nervöses oder unsicheres Pferd versucht statt dessen, sofort die Flucht zu ergreifen. Es wirft den Kopf hoch – eine Haltung, die sowohl die Alarmierung des gesamten Nervensystems zu unverzüglicher Flucht anzeigt wie es weiterhin dazu stimuliert. Man macht ihm deshalb vermittels der Körpersprache durch tiefes Hinabbeugen mit Herunternehmen des Kopfes vor, was es tun soll und zupft dabei leicht an der Kette, das Kettenende zwischen Daumen und Zeigefinger haltend und ganz sanften Druck auf die Nase ausübend (Abb. 92). Keineswegs darf man ziehen, weil das sofort Gegenziehen nach oben zur Folge hätte – das Gegenteil dessen, was man erreichen möchte. Manchmal reagiert ein Pferd besser darauf, wenn eine Hand sachte die Nase hält und die andere vorsichtig auf das Genick drückt und mit den Fingern die Stelle hinter den Ohren massiert oder den Kopf leise vorwärts und rückwärts bewegt. Das Kopfsenken entspannt nicht nur Rücken, Hüfte und Genick – es ändert die Tendenz zur Fluchtbereitschaft *und* bringt das Pferd ohne Gewaltanwendung

Abb. 93

Abb. 94

automatisch weiter nach unten in der Hierarchie Mensch/Tier, wobei es sich gleichzeitig sicherer und beschützter fühlt.

Wächst sein Mut, berührt man es mit der Gerte auf der Kruppe und zupft weiter sanft am Führseil. Klappt das, vergrößert man das Stück Plastik, läßt wieder ein bißchen Hafer davon fressen (Abb. 93) – bis das Pferd schließlich über die ganze Plastikfolie marschiert, ohne zu erschrecken. Manchmal hilft es auch, wenn ein ruhiges und bereits angstfreies Pferd vorangeht und zeigt, daß es nicht gefährlich ist. Zu diesem Zeitpunkt hebt man die Folie weder an noch bewegt man sie geräuschvoll.

Unter Plastik hindurchgehen. Zum Aufbau eines passenden Hindernisses brauchen wir 2 Sprungständer oder ähnliches von etwa 2 m Höhe; darüber legt man einen Plastikstreifen so, daß er nicht zu sehr durchhängt (Abb. 94, s.a. Abb. 136).
Pferde, die von Natur aus ängstlich sind oder unter dem Reiter ständig rückwärts gehen, wenn er sie an Fremdartigem vorbeireiten will, oder die

dauernd scheuen, profitieren von dieser Übung am meisten. Sie lernen, ihre Augen in einer völlig ungewöhnlichen Weise zu gebrauchen, mit einer absolut unnatürlichen Situation fertigzuwerden und ihre Furcht zu überwinden. Es lehrt sie, unseren Zeichen und Worten zu gehorchen, ganz gleich, wie beängstigend eine Lage auch zu sein scheint – freilich immer so, daß es erkennt: «Das sah aber schlimm aus – und war gar nichts!»

Stellt man einen Eimer mit etwas Futter auf den Boden – zuerst unter den Plastikboden, dann etwas weiter weg, so bietet das einen weiteren Anreiz, stehenzubleiben, wenn der Instinkt rät, davonzulaufen. Beim Fressen kann das Pferd die Luft auch nicht anhalten, sondern atmet frei durch. Freilich kann es eine Weile dauern, ehe es wirklich den Kopf unter das furchterregende Hindernis beugt und den Eimer annimmt (Abb. 94). Im Kapitel über *Rex* (S. 142) erfahren Sie mehr darüber.

Wieder hilft dem Pferd eine Lektion, sein Selbstvertrauen zu steigern und in neuer oder gar erschreckender Situation vernünftig zu handeln. Übungen und Herausforderungen, die schließlich erfolgreich gemeistert werden – und das ohne Kraft, ohne Streß, ohne Gewalt –, tragen immer mehr dazu bei, daß das Pferd unseren Handlungen mit wachem Interesse folgt und uns zunehmend vertraut.

Wichtig ist wieder die exakte Anwendung von Kette und Gerte. Ein Pferd einfach gedankenlos über Plastik oder darunter hindurchzuführen, würde bei ihm nur die alte Vorstellung erneuern: «Hauptsache, ich hab's hinter mich gebracht – ganz egal, wie» und nichts Neues bewirken.

Brücke

Eine Brücke stellt man her, indem man zunächst ein längliches Brett von etwa 120 x 200 cm flach auf den Boden legt. Geht ein Pferd glatt darüber, stellt man das Brett an allen 4 Ecken auf etwa 20 cm hohe Holzstücke. Viele Pferde fürchten sich vor dem hohlen Ton dieser Brücke und davor, hinauf- und hinabsteigen zu müssen. Haben sie diese Angst überwunden, macht dann auch der hohle Ton einer Hänger-Rampe keine Schwierigkeiten mehr. Deshalb eignen sich Übungen auf und mit der Brücke besonders für Pferde, die sich schlecht verladen lassen.

Wippe

Die Wippe ist die Fortsetzung der Brücke. Man legt zuerst, wie bei der Brücke, die Planke flach auf den Boden. Hat man ein sehr ängstliches, unsicheres Pferd, so legt man anfangs, 20 cm erhöht, zwei lange Stangen beidseits der Planke hin, um eine Art Gasse zu bilden. Geht das Pferd hinüber, hält man es in der Mitte an und gibt ihm ein Stück Brot oder dergleichen, läßt es einige Sekunden stillstehen. Ist das begriffen, legt man unter die Mitte der Planke ein Rundholz, damit ein wenig Auf und Ab unter den Hufen entsteht. Ist die Angst davor gewichen, kann man die Mitte erhöhen, bis die Wippe zum Schluß 40 cm Erhöhung hat – und entsprechend beweglicher geworden ist. Man führt das Pferd darüber, läßt es in der Mitte anhalten und sich ausbalancieren, läßt es vorwärts oder rückwärts treten. Und natürlich baut man die seitlichen Begrenzungen ab, sowie das Pferd mit der Wippe vertraut ist und sie ohne Zögern überschreitet.

Dabei kann man außer dem ängstlichen Typ, der sich vor der Bewegung unter den Hufen fürchtet, bald auch einen anderen finden, dem es ausgesprochen Spaß macht, mit der Wippe «zu wippen».

Pferde, die Brücke und Wippe akzeptieren, dem Antippen der Gerte folgen und unter Plastikfolie hergehen, bieten beim Verladen überhaupt keine Schwierigkeiten mehr.

Zweige

Man schneidet viele Zweige von Büschen und Bäumen, mit Blättern und ohne, und legt sie in einem Viereck so auf dem Boden aus, daß das Pferd mit gesenktem Kopf darüber gehen kann. Um die Zweige an Ort und Stelle zu halten, kann man sie mit Stangen «einzäunen».

Dies ist eine weitere gute Übung, Pferden Selbstvertrauen einzuflößen und für das Reiten im Gelände sicher zu machen, falls ihm dabei ein Ast unter den Bauch oder gar unter den Schweif gerät.

Stallpferden, die ihr Leben fern von natürlicher Umgebung fristen müssen, machen die Zweige am Boden zunächst Angst. Für sie legt man die Zweige vorerst beidseits eines Pfades von etwa 60 cm Breite aus und führt sie dann ruhig hindurch, ohne daß die Zweige ihren Körper berühren. Man läßt sie am längeren Leitseil hinter sich herlaufen, stoppt in der Mitte und läßt sie eine Weile ruhig dastehen. Daraus lernt das Pferd eine Menge für den Fall, daß es im Gelände auf schmalem Pfad hinter einem hergehen muß, ohne einem dauernd auf die Hacken zu springen.

Man legt die Zweige sodann enger zusammen, bis man das Pferd direkt darüberführen kann – bleibt wieder in der Mitte stehen, füttert ein bißchen, geht dann weiter.

Langstrecken- oder Geländepferde nehmen von dieser Lektion besonders viel mit, da sie öfter querfeldein gehen müssen – über gefallene Baumstämme, durch Gebüsch und Schlagstellen im Wald. Pferde lernen bald, sich sorgsam über unwegsame, löchrige, morastige Stellen durchzutasten und den sichersten Weg zu finden, und erfahrene Reiter überlassen es meist ihrem Pferd, den besten Ausweg zu suchen – nachdem es gelernt hat, selbst zu «denken» und die Gefahr abzuschätzen.

● Obwohl diese Übung nicht abgebildet ist – sie bedarf ja keiner besonderen technischen Anleitung –, halten wir sie für eine der wichtigsten überhaupt: Sie fehlt niemals im Ausbildungsprogramm.

Abb. 95

Autoreifen

Einem Pferd beizubringen, mit einem Fuß in einem Autoreifen stehenzubleiben, ist eine sehr praktische Übung. Wie viele Besitzer stehen eines Tages vor der Notwendigkeit, einen verletzten, geschwollenen, heißen Pferdefuß ständig kühlen zu müssen! Das einfachste ist dann, den Fuß in einen Wassereimer zu stellen – aber die meisten Pferde, die das nicht kennen, werfen den Eimer ständig wieder um. Hat man dem Pferd erst einmal beigebracht, ruhig in einem Reifen zu stehen, gibt es beim Eimer keine Probleme mehr.

Durch eine Reihe von Reifen zu treten, ist eine wieder neue Übung, das Pferd mit nicht-gewohnheitsmäßigen Bewegungen seines Körpers vertraut zu machen und dadurch seine Lernfähigkeit zu vergrößern.

Ehe ein Pferd freiwillig in einen Autoreifen tritt, braucht man Zeit und Geduld. Etwas leichter geht es, wenn wir den Reifen zwischen zwei Stangen flach auf den Boden legen, so daß ein «Pfad» entsteht (Abb. 95), dem zu folgen natürlicher ist. Man geht bis an den Reifen, hält inne, läßt das Pferd den Kopf tiefer nehmen und den Reifen beschnobern – von der Körpersprache geleitet: selbst hinunterbeugen, vibrierend an der Kette zupfen. Ist der Pferdekopf unten, hebt man einen Fuß an und setzt ihn im Reifen wieder nieder (95/96). Steht der Fuß im Reifen, führt man das Pferd mit Kettenkontakt ruhig weiter, damit es nicht rückwärts wieder hinaustritt, vielmehr der andere Vorderfuß über den Reifen weg und ein Hinterfuß hineintritt (Abb. 97). Geschieht das nicht, ist es zunächst auch nicht wichtig: es wird schon kommen. – Diesen Vorgang wiederholt man 5–6 mal, wobei man jedesmal nach dem Hindurchtreten durch den Reifen stehenbleibt und lobt.

Abb. 96

Ob man dabei Futter reicht oder nicht, bleibt dem eigenen Urteil überlassen; jedenfalls darf es bei allen Lektionen nicht so weit kommen, daß das Pferd während der Arbeit bettelt oder einem in den Taschen herumschnobert, weil das zu sehr ablenkt. Den meisten Pferden kraulen wir nur freundschaftlich den Nacken. Feste Regeln, welche Belohnung richtig ist, gibt es im Umgang mit Pferden nicht.

Abb. 97

Manche Pferde sind im Umgang mit den Reifen so geschickt, daß man schnell mehrere davon in verschiedener Anordnung hinlegen und das Pferd darüberführen kann; bei anderen bietet gerade diese Übung ungewöhnliche Schwierigkeiten.

Im Laufe langjähriger Praxis hat sich folgendes als hilfreich erwiesen: Man legt soviele Reifen wie nur eben möglich nebeneinander, bis eine Fläche von lauter Reifen entsteht. Diese begrenzt man mit Stangen auf Heuballen oder Tonnen und bildet mit Stangen und Tonnen auch einen auf das Reifenbett zuführenden Weg. Das Pferd begreift, daß es irgendwie diese Unannehmlichkeit überwinden muß und sucht sich einen Weg hindurch. Dabei tritt es natürlich immer wieder auf einen Reifenrand, der Reifen kippt hoch und ihm gegen die Beine. Es begreift jedoch nach all den vorangegangenen Lernerfahrungen – siehe «Zweige»! – sehr schnell, daß die schwarzen Ungeheuer harmlos sind. Dann kann man das «Bett» verkleinern und schließlich – wie von Anfang an gewollt – durch nur einen Reifen gehen.

Eine fortführende Übung ist es dann, das Pferd mit einem oder zwei Hinter- oder Vorderhufen im Reifen stehen zu lassen. Hat man das geschafft, so ist zum einen das Vertrauen des Pferdes in sich selbst wieder gewachsen, zum anderen ist das Ziel, das wir uns steckten, erreicht: Es bleibt dann auch im Eimer mit kühlender Flüssigkeit ruhig stehen.

Arbeit ohne Halfter

Eine der großen Belohnungen für die intensive Arbeit mit Halfter, Kette und Gerte ist eine solche Kontrolle über und eine solche Beziehung zu unserem Pferd, daß wir am Ende alle beschriebenen Übungen ganz ohne Kette und Halfter durchführen können. Die Gerte benutzen wir anfangs noch, um sie – als Verlängerung unseres Arms – verwahrend vor die Pferdenase oder mit dem dicken Ende vor die Pferdebrust zu bringen. Achtet das Pferd, wenn man ohne Gerte arbeitet, nicht auf Zeichen zum Halt, legt man eine Hand auf seinen Nasenrücken und drückt die Fingerkuppen kurz auf den Nasenknochen; keinesfalls darf man in den Fehler verfallen, mit dem Arm zurückzuziehen.

Fühlt man sich noch nicht ganz sicher, so schlingt man zunächst ein Heubändchen um den Hals (Abb. 98). Der Nachteil solcher Hilfsmittel ist nur, daß man sich zu stark auf sie verläßt und das Pferd damit herum- oder hinter sich her zieht. Diese Übung aber geht auf die Vorstellung zurück, daß wir allein mit der Körpersprache und den Stimmkommandos unser Pferd zum Vortreten, Folgen und Anhalten veranlassen und seine sämtlichen Bewegungen kontrollieren können. Natürlich setzt man seinen Körper niemals mit Kraft ein, etwa indem man mit dem Ellenbogen gegen die Schulter des Pferdes lehnt oder die Nase mit beiden Händen umfaßt und sich zum Anhalten mit der Kehrseite gegen die Pferdebrust stemmt. Im Gegenteil:

112

Abb. 99

Abb. 98

man sollte versuchen, nur mit den leisesten Zeichen auszukommen, damit das Pferd auf immer feinere Signale achtet und später unter dem Sattel auch nur andeutungsweise Zeichen des Zügels und der Schenkel erwartet und befolgt, weil es ihm zur zweiten Natur geworden ist.
Bei der fortgeschrittenen Arbeit, etwa durch das Labyrinth, gibt es

Abb. 100

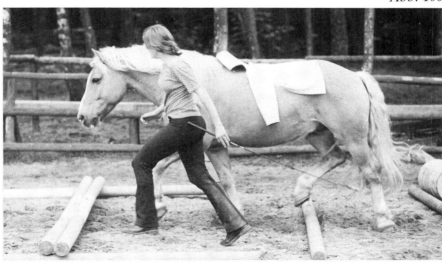

Momente, wo man die Finger leicht an die Pferdenase oder die Hand leicht unter die Ganaschen hält, um das Pferd um die Ecken zu lenken, oder wo – zum Herumtreten – eine Hand die Nase sanft herumdreht, während die Gerte in der anderen Hand sanft an die Hinterhand tippt.

Diese Übungen sind für den Menschen schwieriger als für das Pferd, da es einer neuen Koordination bedarf, um die Hände wirklich ganz leicht zu gebrauchen, ohne dabei mit Schulter oder Ellenbogen ins Pferd zu stoßen. Das heißt, man muß im Gleichgewicht bleiben, während man dichter am Pferd steht und es mit der Körpersprache allein etwa zum «Bücken» und Hinschauen veranlaßt (Abb. 99).
Es dauert nicht lange, da folgt einem das Pferd in der Bahn (Abb. 100) und im Gelände frei überallhin – schönster Erfolg vor allem bei schreckhaften und nervösen Pferden.

Auch beim Putzen streifen wir nicht einmal mehr ein Halfter über.
Die Fotoserie 101–103 verdeutlicht, was gemeint ist:
Der intelligente Araber steht still und beobachtet die Körpersprache der Ausbilderin, während diese ihn putzt, registriert jede Bewegung. Die Gerte empfindet er längst nicht mehr als Instrument der Strafe; sie ist inzwischen die akzeptierte Verlängerung des Menschenarms geworden (Abb. 102).

Abb. 101

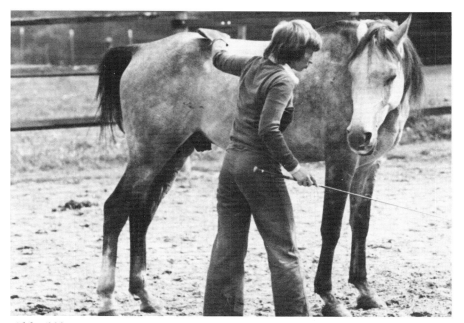

Abb. 102   Abb. 103

115

Trotz des weichen Putzhandschuhs empfindet er aber das Putzen auf seinem schmerzenden Rücken als unangenehm – er versucht, es dem Menschen klarzumachen, indem er den Kopf dreht und die Ohren zurücklegt: Das ist seine Sprache, eine andere hat er nicht (Abb. 103).

Die Ausbilderin berührt ihn ganz leicht mit der Gertenspitze unterm Kinn an der anderen, linken Seite, um ihn zu hindern, nach links wegzulaufen (Abb. 104). Würde er versuchen, nach vorn zu laufen, so würde sie ihm Hand und Gerte vors Gesicht halten und ein paarmal ruhig gegen seine Brust tippen. Seine Ohren sind nun entspannt, da er aus Erfahrung weiß, daß sie ihn verstanden hat und nun weicher putzen wird.

Dies freie Putzen kann man natürlich auch zuerst in einer Box oder einem kleineren Paddock üben.

Übungen zur «Statue»

Diese Übung lehrt endgültig Geduld und Gehorsam. Wie eine Statue lernt das Pferd nun dazustehen – perfekt ruhig, ganz ohne Zwang, während wir weggehen, an anderem arbeiten, etwas holen, es putzen, Bodenhindernisse neu arrangieren. Dabei wird das Führseil schließlich durchaus nicht mehr benötigt werden – die Abbildung 104 zeigt es ja schon zu Boden hängend; im Gegenteil: beim gesattelten Pferd liegt der Zügel über dem Sattel.

Abb. 104

Man beginnt damit, langsam vom Pferd zurückzutreten, bis an das Ende des Führseils. Hat das Pferd bis dahin alle Lektionen gut gelernt und verstanden, so weiß es nun, daß es sich nicht bewegen soll, bis es ein Stimmkommando hört, ein leises Zupfen am Seil oder ein Antippen der Gerte verspürt. Ohne eines dieser Zeichen zu geben, bewegt man sich nun langsam ein wenig nach rechts, ein wenig nach links, zurück vom Pferdekopf, immer mit ausgestrecktem Arm am Seil, mindestens 150 cm vom Pferd entfernt. Bewegt man sich dabei zu schnell oder atmet man unruhig oder flach, bleibt das Pferd nicht stehen; man könnte meinen, daß unsere Konzentration es hypnotisiert.

Mißversteht es aus irgendeinem Grund und kommt es auf einen zu, so führt man es zunächst am Führseil wieder genau an die Stelle zurück, die es verlassen hat – und sei es auch nur einen halben Schritt rückwärts. Dann genügt es, wenn man die Gerte näher zur Nase führt oder ihm mit dem Knauf leicht vor die Brust schlägt, bis es die Ausgangsposition wieder eingenommen hat. Schließlich reicht ein leises «Steh!» aus, wenn wir es nur früh genug sagen – dann nämlich, wenn wir gerade ahnen, daß unser Schüler sich bewegen will.

Pferde lernen die unterschiedliche Bedeutung von Gesten und Worten ebenso schnell wie Hunde, nur nehmen wir das meist nicht wahr, weil wir ihnen keine Gelegenheit geben, es uns zu zeigen. Selbstverständlich wirkt alles, was wir tun, um so besser, je geschwinder unsere Reaktion den Absichten des Pferdes folgt. Das heißt, wenn *wir* nicht konzentriert und aufmerksam genug sind, können wir nicht schnell genug reagieren und müssen die Übung immer wieder von vorn beginnen. Das heißt noch genauer: In der Sekunde, wo der Vorderfuß sich zur Bewegung vom Boden abheben will, sagen wir schon «Steh!» – und das Pferd setzt prompt den Fuß zurück.

Steht das Pferd schließlich fest und ruhig als Statue da, können wir uns unterhalten, anderen zusehen – immer aber mit einem halben Blick zu ihm hin.

Die «Statue» hat einen großen Schaueffekt: Alle Zuschauer staunen! Sie hat aber den weit wichtigeren Effekt, daß jemand, der diese Dinge mit seinem Pferd übt, im Sattel nicht mehr grob sein kann, denn hier ist nur mit äußerster Behutsamkeit und Überlegung etwas zu erreichen. Diese Behutsamkeit geht im Verlaufe der Lektionen am Boden auch auf den Reiter und reitenden Ausbilder über und ändert sein gesamtes Verhalten im Sattel zu Sicherheit und Sanftheit hin.

6. Sechs Lehrbeispiele:
Arbeit am Boden und unter dem Reiter

An sechs Beispielen aus unserer Praxis – Pferden unterschiedlichster Rassen und Größen, mit unterschiedlichsten Schwierigkeiten – möchten wir Ihnen nun zeigen, wie alle Lektionen mit ihren konsequent verfolgten Details angewendet werden können: wie die Anwendung des Tellington-Touch, wie die Schritt um Schritt aufbauenden T.E.A.M.-Übungen aus «verrückten», kranken, übernervösen, falsch behandelten und aus dem inneren und äußeren Gleichgewicht gebrachten Pferden ruhige, gelassen mitarbeitende Freunde machte, mit denen zu arbeiten zunehmend Freude bereitete.

*

Aber nochmals!
Wir nannten die Tellington-Methode die *Grundschule* zur *Erziehung* des Pferdes: *Jedes* Pferd, jedes auch junge, noch ungeschulte Pferd kann in diese Schule gehen – und wird es zu seinem und seines Besitzers Gewinn tun.
Und man kann die erworbene Routine auch bei fortschreitendem reiterlichem Training und Können immer wieder anwenden, wenn man es für nötig hält – vor allem aber, um aufkeimende Widerstände bei neuen, schwierigeren Anforderungen gleich im Keim zu ersticken. Sowohl der Reiter als auch das Pferd merken ganz bald, wieviel erfreulicher das Reiten wird, wenn beide als eingespieltes Team zusammenarbeiten.

Vorbemerkung
Des besseren Verständnisses halber folgen wir in der Beschreibung der Pferde und der angewandten Korrekturmaßnahmen einem einfachen Schema: Zuerst kommt die Charakter- und Körperschilderung, dann beschreiben wir den Tellington-Touch, die Schwerpunkte der T.E.A.M.-Arbeit am Boden, die Erfahrungen mit dem gesattelten Pferd und schließlich knapp den Erfolg.
Da alle genannten Behandlungsmethoden parallel verliefen, ist eine entsprechende, sozusagen mitarbeitende Aufmerksamkeit des Lesers bei allen Fallbeispielen erforderlich; schilderten wir die Wochen präziser im Ablauf, würde jedes Beispiel zu einem Buch ausarten.

Kaishan

Wir kommen jetzt wieder auf unser «Grundbeispiel-Pferd» Kaishan zurück. Bitte, lesen Sie dazu noch einmal die Schilderung seines Falles im Kapitel 2. Aufgrund der hauptsächlichen Probleme:

1. Rücken- und Halsmuskelschmerzen
2. Mangel an Manieren im Umgang
3. totaler Kontaktlosigkeit gegenüber dem Menschen

ergaben sich die Schwerpunkte der Behandlung von selbst:

1. ihn durch Behandlung mit dem Tellington-Touch möglichst weit von seinen Schmerzen zu befreien,
2. ihm durch verschiedene Lektionen der Bodenarbeit bessere Manieren beizubringen sowie seinen verspannten Körper weitestmöglich zu entspannen,
3. eine engere Beziehung zum Menschen herzustellen.

Die Behandlungen 1 und 3 gingen von Anfang an nebeneinanderher. Gleich beim ersten Versuch, ihm das ruhige Stillstehen beizubringen, stellten wir wieder den betont uninteressierten, ja angewiderten Blick fest, mit dem er unsere Bemühungen quittierte. Während die Gerte ihm das Signal zum Stehenbleiben gab, wendete er den Kopf zur Seite oder schloß die Augen halb; es war nicht möglich, ihn dazu zu bringen, den Ausbilder anzusehen. Zwang man ihm den Kopf sanft nach vorn, rollte er die Augen weg, als wollte er sagen: «Du kannst machen, was Du willst, ich seh doch dahin, wohin ich will – und Du bist mir das Ansehen schon gar nicht wert.»

In seiner ausgeprägten Männlichkeit war er bisher immer seinem Drang gefolgt, sich durchzusetzen: bei Stuten, bei Nebenbuhlern und beim Menschen. So dauerte es fast zwei Wochen, bis er das Stillstehen akzeptierte und nicht ständig nach «seiner» Stute schrie. Er brauchte, anders als die meisten anderen Pferde im Kurs, viel Kopfkontakt, viel Streicheln, viel Berührung in der Art, wie Freunde sich berühren. Dazu mußte er den freundschaftlichen Touch zuerst kennenlernen, dann akzeptieren und schließlich schätzen.

Stundenlang und geduldig wurde mit dem Tellington-Touch gearbeitet, was ihm sehr schnell Erleichterung an Hals- und Rückenmuskulatur brachte. Bald schon ließ er sich am Kopf manipulieren – sogar ohne angebunden zu sein. Ganz wichtig waren für ihn die Biegeübungen des Halses nach beiden Seiten (vgl. Abb. 17–19), damit er den angewöhnten Reflex loswurde, gleich beim Antreten, ja schon beim Einsitzen des Reiters in den Sattel den Kopf hochzuwerfen. Ganz ohne Schmerzen lernte er diesen Reflex vergessen, aus seinem Gedächtnis auszuradieren. Die lebendige Hand des Menschen ist dabei so wichtig, weil sie – anders als jedes mechanische Hilfsmittel – Wärme verbreitet und ein Gefühl, das wiederum Gefühle weckt, weil sie mit dem Kopf mitgeht, nachgibt, beruhigt. Auch der Körper hilft mit: Je weiter der Kopf herumgenommen wird, um so dichter geht der Ausbilder an das Pferd heran und faltet sozusagen den Hals um seinen eigenen Körper. Das alles heißt «den Kopf hergeben». Gibt das Pferd erst dem Druck und leisen Zug der touchierenden Hand nach, so wird es später unter dem Sattel schon beim

Abb. 105 *Abb. 106*

Antreten den Kopf nachgebend fallenlassen. Dadurch schwingt der Rücken nach oben und wird frei – Einsitzen und Anreiten rufen keinen Schmerz mehr hervor.

Kaishan liebte ganz besonders das Chua-Ka (Hautrollen s. S. 34, 42). Zunächst hielt die Ausbilderin seinen Kopf mit einer Hand fest, während die andere sanft die Haut zu rollen begann; bald schon konnte sie beide Hände zum Rollen benutzen, was natürlich wirkungsvoller ist (Abb. 105). Diese Arbeit sollte möglichst ohne Halfter getan werden, da hierdurch ein Grad des Vertrauens hergestellt und vertieft wird, wie er unter dem Zwang des Halfters nicht entstehen kann.

Wie sehr Kaishan die Hals«massage» genießt, zeigt seine Haltung deutlich (Abb. 106): Der Kopf ist tief gesenkt, das Pferd entspannt, es öffnet das Maul und schiebt den Unterkiefer in einer Kaubewegung von Seite zu Seite. Wann immer ein Pferd sich die Lippen leckt, das Maul bewegt, Schluckbewegungen ausführt und die Augen halb schließt, ist das ein sicheres Zeichen dafür, daß die «Massage», die gerade ausgeführt wird, eine Wirkung hat.

Nach einigen Tagen nahm Linda Kaishan erstmals unter dem Sattel hinaus, um festzustellen, ob sein Verhalten allein und in der Gruppe wirklich so schwierig war, wie geschildert, oder ob nur seine Reiterin nicht erfahren oder nicht konsequent genug war. Er trug seine gewohnte Ausrüstung: Trense und deutschen Sattel. Sofort nahm er den Kopf sehr hoch, trippelte andauernd mit nach links gedrehtem Kopf. Kam ein anderes Pferd ihm zu nahe, versuchte er, sich auf der Hinterhand herumzuwerfen, und drohte ihm mit hengstigem Schnauben, und etliche Male versuchte er in der Tat, sich mit der

Abb. 107

rechten Schulter gegen einen Zaun oder Baum zu drücken, um der Reiterin Schwierigkeiten zu machen.

Er wurde zurückgeritten und bekam einen für einen Araber entwickelten *Westernsattel* aufgelegt, der das Reitergewicht auf einen größeren Teil des Rückens verteilt und zum Teil auf die Rippen verlagert, so daß die Rückenmuskeln, wenn er sie gewohnheitsmäßig versteifte, nicht mit der Sattelpolsterung in Berührung kamen. Sein Verhalten änderte sich zunächst nicht (s. Abb. 1).

Erst als auch die Trense durch ein Rollergebiß mit zwei Zügeln ersetzt wurde, zeigte sich einige Wirkung (Abb. 107). Er hatte, wenn er nicht aus Schmerz gegen das Gebiß rannte, eigentlich ein weiches Maul. Zwei Zügel an langen, losen, gekurvten Anzügen und das angenehme Spiel mit der zum Gebiß gehörenden Kupferrolle im Maul machten ihn schon nach wenigen Tagen beherrschbar, ohne daß er sich verspannte. Er streckte den Hals aus, und damit entfiel ein Großteil der durch Hirschhals und Wegdrücken des Rückens verursachten Schmerzen – und damit das Durchgehen aufgrund eben dieser Schmerzen. Zusätzlich wurde er auch unter dem Sattel hinter den Ohren mit dem Touch behandelt. Hatte er auf dem Boden gelernt, bei dieser Behandlung des Nackens den Kopf zu senken, so tat er es dabei vom Sattel aus nun ganz mechanisch auch.

Wieder ging die ganze Gruppe hinaus. Auf einem Stoppelfeld wurden

Übungen durchgeführt, die ihn an d e Kontrolle durch den Reiter gewöhnen und ihn lehren sollten, sich gegen andere Pferde besser zu benehmen.

Zuerst verteilten die vier Reiter sich und arbeiteten ihre Pferde jeweils in 50 m Abstand in Zirkeln und auf der Geraden. Kaishan gewöhnte sich zunächst an die neue Art des Gerittenwerdens – ohne Schmerzen. Durch das spezielle Gebiß wurde der Nacken rund, der Unterhals weich. Der Tellington-Touch tat ihm sichtlich wohl – er ließ den Hals auf eine Weise fallen, wie sie etwa ein Chambon, das ihn hinunter*zwirgt,* nie erreichen würde.

Nachdem sie etwa 10 Minuten gearbeitet hatten, begannen die Reiter, aufeinander zu und aneinander vorbei zu reiten, und Kaishans Hals wurde weiterbehandelt, um ihn für sein Wohlverhalten zu belohnen und ihm ein angenehmes Gefühl zu vermitteln, wenn sich andere Pferde näherten.

Nach diesem ersten Versuch wurde er eine Weile wieder in der Bahn – und dort hauptsächlich am Boden – gearbeitet.

Um Geduld zu lernen, verbrachte er jeden Tag etwa 1 Stunde allein angebunden zu, an einer Stelle, wo er die anderen Pferde sehen und gelegentlich etwas Heu fressen konnte. Dann wurde er in einer kleinen Reitbahn mit anderen Pferden zusammen an der Hand gearbeitet. Daß er die anderen dabei nicht angreifen durfte, lernte er sehr schnell. Die erste Führung mit Halfter, Kette und Gerte brachte die übliche Reaktion: Aggressiv wollte er auf seine Nachbarn losstürmen, wieherte ungebärdig, benahm sich wie ein unmanierlicher Hengst.

Sofort wurde er mit dem dicken Ende der Gerte kräftig auf die Nase geklopft, begleitet von einem kurzen, tiefen: «Ho!» Die Härte des Gertenzeichens war erforderlich, um seine Aufmerksamkeit abzulenken und ihn daran zu hindern, an der Kette zu ziehen – wie er es bisher beim Reiten immer mit der Trense gemacht hatte. Sowie er zu wiehern begann, bekam er wieder einen Klaps mit der Gerte – und akzeptierte das sehr schnell: Von nun an war der Mensch der Boß! Das erste Klopfen schockte ihn geradezu und stoppte ihn sofort – er wich zurück, anstatt vorwärtszustürmen, wie es seine Gewohnheit gewesen war. Von nun an war er aufmerksam, und es gelang – nachdem er Respekt vor seiner Ausbilderin gewonnen hatte – bald, ihn durch leiseste Gertenberührung anzuhalten. Hat ein Pferd das aber erst einmal gelernt, geht es später auch auf leise Bewegungen der Zügelhand ein. Kaishan lernte überdies, daß die Anweisungen der Menschen nicht schmerzhaft sein müssen: daß sie ihm ganz genau etwas zeigen können, was er begreift, ohne daß ein Kampf vorausgeht oder ein Schmerz folgt. Das war von entscheidender Wichtigkeit.

*

Hat man es mit schwierigen Pferden zu tun, verfällt man leicht in den Fehler, zu sanft zu sein – oder zu grob. Leute, die ihrer selbst nicht sicher sind, denken, wenn sie nur lieb sind zu einem Pferd, wird es schon lieb zu ihnen sein. Respektiert das Pferd den Menschen, kann das durchaus der Fall sein,

doch muß es zuerst lernen, daß der Mensch ranghöher ist. Freilich wird das durch Grobheit eines allzu selbstsicheren Menschen auch nicht erreicht. Es bedarf der ausreichenden Korrektur im exakt richtigen Moment.
Dazu müssen wir zunächst jedes Pferd als Individuum ansehen und behandeln. Mit einem ängstlichen und unsicheren Pferd (etwa Dutch, S. 129) müssen wir nachsichtiger, mit einem starrköpfigen (etwa Mini, S. 166) konsequent und energisch sein, bis es uns als Boß akzeptiert und wir dann als Partner miteinander arbeiten können.
Wichtig für die Klarheit unserer Anweisungen ist die «einfache» Tatsache, daß das Pferd besser und schneller gehorcht, wenn es unsere Körpersprache verstehen kann: Deshalb bleibt man bei der Bodenarbeit stets neben seiner Nase, damit es jede Bewegung des Armes und der Gerte (und unserer Schulter) sehen kann und stoppt, ohne daß wir an der Kette ziehen. Nur so lernt es, was wir von ihm wollen, ohne zurückzuziehen. Doch wie viele Menschen sieht man allenthalben, die ihr Pferd vorwärtsziehen oder um jeden Preis im Führzügel hängen und doch nur denken: «Es tut schon, was ich will – es hat nur ein hartes Maul!» Dabei bleibt das Pferd allzu oft Sieger: nur weil es nie gelernt hat, den leichten Signalen der Kette zu folgen und auf die bloße Bewegung der Gerte vor der Nase zu stoppen.

*

Vor jeder Arbeit unter dem Sattel wurde Kaishan mit dem Tellington-Touch behandelt und dann an der Hand gearbeitet, und zwar über ständig wechselnde Parcours, damit er vom Hinsehen lernte. Beim Gehen über Plastik sind die Ohren gespitzt (Abb. 108): Er findet die Sache interessant; die

Abb. 108 *Abb. 109*

empfindlichen Augen hat er gegen die Sonne halb geschlossen, die Kopfposition jedoch ist entspannt und tief. Die Ausbilderin beugt sich leicht vor und fordert Kaishan damit in der Körpersprache auf, das gleiche zu tun.

Die wichtigste Übung an der Hand war für Kaishan das Überwinden von Stangen, damit er seinen Hals streckte und die Augen aufmachte und zusah, wohin er ging. Indem er begann, die Augen zu gebrauchen und den Kopf nach unten zu nehmen, wurden neue Bewegungsimpulse aktiviert, bewegte er den Rücken auf nicht-gewohnheitsmäßige Weise, die ihm Erleichterung verschaffte. Er fürchtete sich nicht vor den Stangen am Boden, wie es viele Araber anfangs tun, und deshalb legten wir sie abwechselnd hoch und niedrig (Abb. 109), damit er möglichst viel Bewegung in seinen Rücken brachte, wenn er von beiden Seiten aus darüberging. Das hat einen anderen Effekt, als wenn es unter dem Reiter geschieht. Wir legten sodann die Stangen auf die unterschiedlichste Art aus, damit er immer genau zuschauen mußte, wohin er ging – und anhalten mußte um zu entscheiden, wie er jeden Fuß am besten aufsetzte: lauter Übungen, die es ihm zur Gewohnheit machten, «nachzudenken» über das, was er tat.
Bald folgte er der Ausbilderin auch ohne Halfter. Er war – wie viele Araber – besonders intelligent, und nun schien er zu sagen: «Das ist gar nicht so schlecht – könnte sogar spannender sein, als den ganzen Tag im Auslauf herumzurennen.» Die Ausbilderin bleibt nun immer einen Schritt vor ihm, damit er sich von ihren Bewegungen zur Nachahmung beeinflussen läßt und sie ihn besser im Auge hat. Ist der Ausbilder selbst beim Überwinden der verschiedenen Bodenhindernisse steif und ungeschickt, wird das Pferd es auch sein. Stolpert ein Pferd anfangs, so hilft es, wenn man ihm die Bewegung stark übertrieben vormacht und die Füße ganz hoch nimmt – das Pferd macht es nach. Versuchen Sie es!
Es hilft auch, wenn man Huf und Bein, die gegen das Hindernis stießen, ein paarmal mit der Gerte beklopft, damit es sich seiner Gliedmaße besser bewußt wird.

Nachdem Kaishan eine Woche lang überhaupt nicht hatte stillstehen können und dauernder Überwachung und Korrektur bedurfte, begriff er nach jenen ersten Klapsen auf die Nase alles sofort: Es machte nicht die geringste Schwierigkeit mehr, ihm die Statue beizubringen (Abb. 110). Die Ausbilderin lehnt sich leicht in Kaishans Richtung und bringt ihr Gewicht auf die Ballen. Sie widmet ihm volle Aufmerksamkeit – kontrolliert ihn zunächst noch mit Stimme und warnender Gerte. Kurz darauf stand er auch still, wenn sie ihm den Rücken zuwandte oder um ihn herumging – und das alles, während rundum mit den vor kurzem noch verhaßten anderen Pferden auf die unterschiedlichste Weise gearbeitet wurde.

In der Bahn wurde er auch unter den Sattel genommen, und die Übungen des ersten Ausritts wurden fortgesetzt: zu Zweien reiten, überholen und

Abb. 110

überholen lassen mit wechselnden Partnern, einzeln hintereinander oder zu mehreren nebeneinander verschiedene Bodenhindernisse überwinden, die viel Konzentration verlangten. Es dauerte nur wenige Tage, bis er begann, es zu genießen, daß immer wieder Interessantes verlangt wurde. Sein reger Geist, der bis dahin nur gegen den Menschen eingesetzt worden war, entdeckte angenehmere, abwechslungsreichere und schmerzlosere Betätigungen.

Rücken und Hals wurden immer wieder mit dem Tellington-Touch behandelt, damit er den Hals streckte und den Rücken wölbte.

Abb. 111

Vor weiteren Ausritten wurde er ein paarmal spazieren geführt (Abb. 111), damit er lernte, sich auch draußen zu entspannen: den Hals noch tiefer nach unten zu strecken, den Rücken schwingend zu wölben – damit er die Ausflüge überhaupt genießen konnte. Er liebte es sehr, den Boden zu beschnobern und mit den Augen genau zu erkunden, wohin er seine Füße setzte – etwas, das bei seinen Vorbesitzern, die ihn im Stall hielten, völlig unmöglich gewesen war. Mit Martingal und am ständig straffen Zügel geritten, war er viel zu erregt gewesen, auch nur einen losen Zügel zu akzeptieren.

Nach etwa 10 Tagen Arbeit an der Hand und unter dem Sattel in der Reitbahn und ein paar geführten Ausflügen ins Freie mit anderen Pferden wurde er wieder draußen geritten. Beim erstenmal versuchte er einmal, das Pferd neben sich zu beißen, aber nach einem leichten Klopfen mit dem dicken Ende der Gerte erinnerte er sich und wurde friedlich. Nach dem vielen Üben in der Bahn gestattete er nun anderen Pferden, dicht hinter ihm zu gehen (Abb. 112). Der Rücken tat ihm nicht weh, und den Kopf hielt er in bequemer Haltung. Ein Teil des Erfolges in so kurzer Zeit lag darin begründet, daß wir seine Reiter häufig wechseln konnten. Alle waren Amateure und noch Reitschüler, jedoch strikt angewiesen, in der Gruppe sorgfältig, ruhig und leicht zu reiten und Kaishan häufig durch «Massage» im Nacken zu belohnen und ein wenig mit ihm zu reden, um ihm zu zeigen, daß sie sich für ihn interessierten. Jeder neue Reiter nahm sich Zeit, sich mit ihm zu beschäftigen, so daß er Vertrauen zu seinen Reitern im allgemeinen gewann und nicht nur zu einer Person.

Abb. 112

Nach dreiwöchigem Training ging er auch unter seinen beiden Besitzern ohne Schwierigkeit am langen Zügel im Gelände.
Ein Jahr später kam er zu einem Spielekurs nach Reken zurück. Er erkannte den Ort sofort wieder und war 10 Tage lang begeistert bei der Sache. Man konnte praktisch alles mit ihm machen – er ging sogar ohne Mundstück, nur am Stallhalfter (Abb. 113).

*

Das *Gebiß,* das wir für Kaishan gebrauchten, trug entscheidend zum Erfolg in so kurzer Zeit bei. Er war seinerzeit mit Trense und Martingal geritten worden und von seinem ersten Besitzer stark ins Gebiß getrieben worden. Da er gelernt hatte, sich dem durch den ganz hochgetragenen Kopf zu entziehen und zu laufen, wohin er wollte, war das Martingal erforderlich, um überhaupt so etwas wie Kontrolle über ihn zu gewinnen. Freilich machte ihn das noch «hirschhalsiger». Indem wir ihm ein Gebiß gaben, das ihm im Maul und für den Hals angenehmer war, konnten wir ihn schneller umschulen. Seine Probleme auf Trense zu beseitigen, hätte – mit einem sehr erfahrenen Reiter – mindestens 6 Monate konsequenter Umschulung gedauert. Mit dem Erfolg wahrscheinlich, daß er unter seinem Besitzer doch wieder in die alten Untugenden zurückgefallen wäre.

Abb. 114

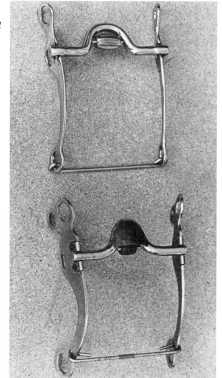

Abb. 113

Wir benutzten ein T.E.A.M.-Trainingsgebiß und innerhalb weniger Tage fühlte Kaishan sich wohler: Der Hals rundete sich und wurde länger, das nahm den Druck vom ersten Halswirbel weg, der immer dann entsteht, wenn ein Pferd zu stark gegen das Gebiß geritten wird. Unser Trainingsgebiß (Abb. 114) ist ein Mundstück, das scharf aussieht, jedoch sorgfältig auf das Wohlbefinden des Pferdes hin ausgesucht wurde (aus Dutzenden ähnlicher, aber nicht gleichwertiger Gebisse): den meisten Pferden liegt es sehr, für den Reiter ist es bequem zu benutzen.

Was dieses Gebiß wirkungsvoll und milde macht, sind die beweglichen Seitenteile mit weit zurückgebogenem Unterbaum, die Art, wie es ausbalanciert ist, und die Kupferrolle, die das Maul feucht hält und eine neue Wirkung auf die Bewegungen des Pferdes ausübt. Es gibt Ringe für einen zweiten, oberen Zügel, der das Mundstück auch anwendbar für Puller macht. Eine normale Stange ist für Pferde, die leicht durchgehen, nicht geeignet, weil das Pferd, wenn man anhaltend am Gebiß ziehen will, sich nur noch mehr erregt und verspannt. Der obere Zügel beruhigt und verhindert, daß der Hals sich aufrollt und verkürzt (was dann wieder einen verstärkten Vorwärtsdrang hervorruft). Der untere Zügel rundet den Hals und stoppt das Pferd leichter. Zum Umschulen benutzt man das T.E.A.M.-Trainingsgebiß zunächst mit einem englischen Sperrhalfter, damit das Pferd nicht einfach das Maul aufsperrt und sich dem unbekannten Gebiß entzieht. (Es gibt in den USA ein ähnliches Gebiß mit festen Seitenteilen, die weniger zurückgebogen sind. Es macht die Pferde im Nacken steif – was gerade bei Hirschhälsen ja nicht eben erwünscht ist.)

Die Zügel sollen normalerweise so gehalten werden, daß man zum Anhalten auf beiden ein wenig Kontakt hat, anstatt nur den oberen oder den unteren anstehen zu lassen. Reagiert ein Pferd auf ein Zeichen zum Anhalten nicht, so vergewissere man sich, daß die Kinnkette richtig geschnallt ist. Man kann nicht immer sagen, daß 2 oder 3 Finger zwischen Kette und Kinn Platz haben müssen – es hängt auch von der Dicke der Kiefer ab. Richtiger ist schon auszuprobieren, ob bei leicht angespanntem unterem Zügel ein Winkel von 45–50 Grad zwischen Maulspalte und Unterbaum entsteht – genau so, wie bei Pelham und Kandare. Pullt ein Pferd, so ist das meist ein Zeichen dafür, daß die Kette zu locker hängt oder das Gebiß zu tief im Maul liegt oder man das Halfter vergessen hat.

Es gibt unzählige Pferde, die von inkorrekt benutzten Trensen verdorben wurden. Warum also einem trensensauren oder scheuenden oder wegrennenden Pferd nicht dadurch helfen, daß man ihm ein bewährtes anderes Gebiß gibt, und dadurch Pferd und Reiter glücklicher machen? Weshalb um jeden Preis eine Trense benutzen, statt es beiden leichter zu machen?

Für einen weniger erfahrenen Reiter ist es leichter, wenn er beide Zügel gleich lang wählt – den oberen etwas breiter als den unteren, damit er immer weiß, welchen er wo in der Hand hat; so kann er sie schnell handhaben. Üblicherweise ist der obere Zügel etwas kürzer, was aber in unserem Falle nur verwirrt.

Abb. 116

Abb. 115

Dutch

Dutch war ein in Holland gezogenes Warmblutpferd ohne näheren Abstammungsnachweis, 8 Jahre alt und über 175 cm Stockmaß groß – ein Riese.

Charakter
Die Kopfform (Abb. 115, 116) zeigt, daß Dutch nett ist – aber nicht intelligent; und daß er nur sehr, sehr langsam lernt. Die schläfrigen Augen, die hoch am langen, schmalen Kopf sitzen und ziemlich eng zusammenstehen, die langen, beweglichen Ohren und die insgesamt recht merkwürdige Nasenlinie bilden, genauer betrachtet, ein sehr ungewöhnliches Bild. Zuerst könnte man meinen, er habe eine Ramsnase, doch die kleine Einbuchtung in der Mitte, die abwechselnd konkave und konvexe Stirnlinie deuten auf einen Charakter hin, der mal unbesonnen mutig, mal ängstlich ist. (Genau so sprunghaft reagierte er auch unter dem Reiter, dabei in seinem ganzen Wesen eher scheu und zaghaft als übermütig.) Über den Augen hat er «Sorgenfalten», und die dreieckige Form der Brauen weist auf Unsicherheit und Schüchternheit hin. Der Höcker unter den Augen verrät Unbeweglichkeit, und der schräg zu den Nüstern abfallende untere Teil Eigenwilligkeit. Die sehr bewegliche, lockere Oberlippe zeigt seine Bereitschaft zum Kontakt mit Menschen, denen er von Natur aus vertraut – ein Pferd, das infolge von

Schmerzen nicht leicht tun kann, was von ihm verlangt wird, und es auch nur langsam begreift, es jedoch immer wieder gutmütig und willig versucht.

Körper
Das erste Abtasten seines Körpers brachte erstaunliche Ergebnisse: Abbildung 117 zeigt ungefähr die Stellen, an denen die leichteste Berührung wehtat. In der Gegend des 1. und 2. Halswirbels, etwa 15 cm hinter dem Genick, vertrug er das bloße Anfassen nicht, sondern warf gleich den Kopf hoch. Vielleicht hatte er hier – etwa infolge eines Unfalls – einmal eine böse Verletzung? Der ganze Rücken war empfindlich; Bürsten ertrug er gerade noch, doch wenn man mit den Fingern beidseits des Widerristes leisen Druck ausübte, zuckte er sichtlich zusammen. Am schlimmsten war es in der Beckengegend und an den Hüftknochen. Drückte man dort nur mit den gekrümmten Fingerspitzen zu, ging er buchstäblich «in die Knie» und stand auf dem Rand der Hinterhufe (Abb. 118), während sich der Rücken schmerzhaft nach oben krümmte.

Konformation
Seine langen Schultern und die langen Fesseln gaben ihm einen hervorragenden verstärkten Trab, boten jedoch insofern ein Problem, als er den damit verbundenen unglaublichen Vorwärtsdrang niemals zu kontrollieren gelernt

Abb. 117

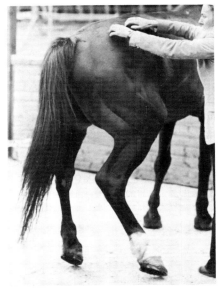

Abb. 118

Abb. 119

hatte. Sein steifer Rücken trug zu diesem Schwung bei, der prachtvoll anzusehen, aber nicht leicht zu reiten war.

Schlußfolgerung
Wegen der Schmerzen in seinen Hüften, seinem ängstlichen Wesen und der Unfähigkeit, schnell zu erfassen und zu denken, bot er wieder ein echtes Problem: Es fehlte ihm völlig an Selbstvertrauen und Selbstkontrolle. Seine jungen Besitzer hatten ihn als Langstreckenpferd gekauft, als sie den ungewöhnlich langen, schnellen Trab sahen, konnten ihn jedoch beide nie unter Kontrolle bringen. Unter dem Sattel begann Dutch nach wenigen Minuten Paß zu gehen und rannte dann einfach davon. Nach der Untersuchung seines Körpers war klar, weshalb er das tat. Wegen der Schmerzen in Hüften und Rücken versteifte er seinen Körper gegen das Reitergewicht und fiel in Paß (s. Abb. 122), dann geriet er in Panik vor Schmerzen und versuchte, dem Schmerz nach vorn davonzulaufen.

Der Tellington-Touch
Dieses Pferd – unser schwierigstes, wie sich herausstellte – brauchte zuerst die ausgedehnte, geduldige Arbeit am Körper. Wir begannen am Hals (Abb. 119) – sanft drückend und «massierend», bis ihm das so guttat, daß er den Kopf auf den sanften Druck der Finger hinter den Ohren hin immer mehr fallenließ (Abb. 120). Das Zudrücken und Loslassen, das Hineinfühlen und Nachgeben, das leichte Kneten tat ihm animalisch wohl; den Erfolg konnte jeder an der Reaktion des Pferdes sehen.

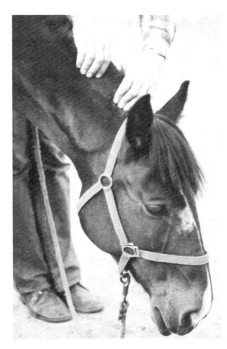

Abb. 121

Abb. 120

Festgehalten werden muß, daß alle Ausführungen des Tellington-Touch frei von jeglichem Zwang sind: Man kann einem 175 cm großen Pferd den Hals nicht hinunter*zwingen*. Daß auch der Laie den 1-10-Druck (s. S. 34) erlernen kann, beweist hier der Besitzer von Dutch, der mit seiner jungen Frau mehrmals wöchentlich kam, um sich darin zu üben: Ihn sieht man auf den Fotos die schmerzende Halsgegend sanft mit den Fingern bearbeiten. Damit massiert er einmal die Unbehaglichkeit um den schmerzenden Halswirbel weg und bringt zum anderen Dutch bei, daß er beim Touch den Hals senken soll, um die Spannung in der gereizten Stelle zu mindern; dieser benutzt dazu seine Muskeln in nicht-gewohnheitsmäßiger Weise.

Anfänglich war es nötig, mit einer Hand gegen Dutchs Stirn zu drücken oder ein wenig Zug auf die Kette zu geben, während die andere Hand leicht weiterarbeitete, bis das große, unbeholfene Pferd merkte, daß ihm der Touch wohltat und ihn von viel Schmerz befreite. Der 2. Halswirbel stand auf einer Seite mehr heraus als auf der anderen, und jedesmal, wenn der Kopf vorsichtig von Seite zu Seite bewegt wurde, sprang er knackend vor.

Um die Blutzirkulation im Rücken zu verbessern und die Hinterhand zu erleichtern, bewegten sich die Finger des jeweiligen Ausbilders im Chua-Ka (s. Abb. 24-26) rollend und sanft pressend über die Haut. Das dient auch dazu, daß das Pferd den Bewegungen der menschlichen Hand vertraut und sie ohne Furcht überall akzeptiert: wie später dann das Reitergewicht im Sattel. Schon nach zwei Tagen mit jeweils einer Viertelstunde intensiver Körperbehandlung und leichten Übungen zum Kopfdrehen (s. Abb. 17–19) ließ Dutch sich am Rücken anfassen und die Kruppe hinunterdrücken, ohne daß er «in die Knie» ging.

Dieses Pferd, mit dem wir uns alle nun so viel Mühe gaben, war von seinen idealistischen jungen Besitzern vor dem Schlachter weggekauft worden: eine gute Tat, zweifellos. Aber dann hatten sie es, als sich Schwierigkeit auf Schwierigkeit häufte, «Sheitan» genannt – Teufel also. Wie aber kann ein Pferd, das man aus lauter Frustration einen Teufel nennt – und dem man ja dann auch entsprechend begegnet –, ein gutes Pferd werden? Wer darüber lacht, möge sich bitte vorstellen, daß ein Mann, den seine Mutter und drei alte Tanten immer «Mäuschen» nannten, Bundeskanzler werden möchte: das erste, was sein – sicher nüchternes – Wahlkommittee macht, ist jede Erwähnung dieses Kosenamens zu unterdrücken: Als Mäuschen wird er sein Ziel wohl kaum erreichen – oder? Wir nannten das Pferd sofort um in Dutch (= Holländer), seiner Abstammung halber und weil es kurz, aufmunternd und viel fröhlicher klang. Ebenso gingen wir später vor bei Mini und Dorli.

Team-Arbeit am Boden
Als wir die Bodenarbeit mit Dutch begannen, merkten wir, daß er sich vor allem Neuen fürchtete. Zuerst versuchten wir, ihn zu einem ruhigen Schritt und Trab an der Hand und zu einem Anhalten ohne Zug an der Kette zu bringen. Im Schritt machte er überhaupt keine Schwierigkeit, wurde aber infolge seines gewaltigen Vorwärtsdranges im Trab ein Problem für den Ausbilder, weil der – um Dutch langsamer zu machen – permanent ziehen mußte. Unser Ziel war, daß das Pferd von selbst langsamer wurde und neben dem Menschen blieb, anstatt – ohne zu denken – blindlings davonzustürmen. Es fehlte Dutch jedes Gefühl für sein eigenes Gleichgewicht, was ihn wiederum noch unsicherer machte: Immer suchte er es mit Gewalt nach vorn zu finden, was ihn beständig wieder auf die schmerzende Vorhand brachte. So ließen wir ihn in den ersten Tagen einen Schritt vorwärts, einen Schritt rückwärts gehen. Das lehrte ihn, sein Gewicht von der Vorhand nach rückwärts zu verlagern – der Anfang zu mehr Balance und Selbstvertrauen war gemacht.

*

Das Pferd ist ein Bewegungstier, dessen ganze Sicherheit nur darauf beruht, daß es sich leicht, in Übereinstimmung mit sich selbst, in innerer wie äußerer Balance bewegt. In dem Moment, in dem diese selbstverständliche Balance verlorengeht – sei es weil das Pferd aus Angst oder Schmerz seinen Körper nicht kontrollieren kann, sei es daß es die Gliedmaßen aufgrund von Schmerzen oder Steifheit infolge lebenslangen Eingesperrtseins in einer 3 x 3 m Box nicht mehr richtig koordiniert –, kommt eine innere Angst hoch, eine animalische, biologische Angst, die sich sofort, auf der Stelle, in Schrecksprünge und Flucht umsetzt.

Hier kann auch der Laie, der nicht ausgebildete Therapeut, helfend eingreifen, sowie er das Problem erkannt hat und dem Pferd zeigt, daß er es erkannt hat. In unserem Falle sind es die Lektionen am Boden, die dem Pferd helfen, seine Balance zurückzugewinnen, langsamer zu werden in den Reaktionen, den Fluchtinstinkt zu unterdrücken.

*

Es dauerte länger und bedurfte größerer Geduld als bei den anderen, Dutch unter Plastik hergehen zu machen. Nach Tagen erst begriff er, daß das Plastik kein Tiger war, der ihn fressen wollte. Mit jedem Hindernis, das er bewältigte, lernte er die nächste Lektion *etwas* leichter.

An der Longe hatte er noch wahnsinnige Angst vor der Gerte. Wenn man sie nur anhob, rannte er davon. Man hatte anfangs nicht sorgfältig genug gearbeitet: die Gerte nicht lange und gründlich genug an seinem Körper entlanggeführt. Das geschieht leicht, und zwar aus drei Gründen:

1. Man denkt, das Pferd regt sich nicht auf, es kennt das alles schon.
2. Man denkt, das gertenscheue Pferd verliert seine Angst doch nicht: Weshalb dann uns und es selbst noch mehr aufregen?
3. Man denkt, es regt sich viel zu sehr auf, und es ist einfach zu riskant, weiterzumachen.

Irgendwann im Verlauf der Ausbildung muß man dafür bezahlen! In unserem Falle begannen wir nach Tagen wieder mit der kurzen Longe: Diesmal fährt die Gerte ihm vor allem unter dem Bauch her. Nach einer Weile läßt er es sich gefallen, nach anfänglich entsetztem Wegspringen. Er geht im langsamen Schritt ruhig, steht auch gut, aber sowie er vor etwas erschrickt oder eine Aufforderung eine Spur zu hart oder abrupt kommt, springt er wieder in den Trab und stürmt davon. Unsere Schüler sind mittlerweile alle Experten geworden mit der langen Gerte, dem ganz leichten Antippen zum Vor- und Zurückgehen. Das schwierigste ist immer noch die Handhabung der Kette – es gehört sehr viel angeborene oder erlernte Empfindsamkeit dazu.

Dutch wurde täglich 2 Stunden an der Hand gearbeitet. Als er durch Zick-Zack-Tonnen gehen soll, überfällt ihn sofort wieder Platzangst, und er möchte hindurchrennen (Abb. 121) Die Ausbilderin hat gelernt, den Arm auszustrecken, um das Pferd nicht mit dem Ellenbogen zurückzuhalten; die Wirkung wäre freilich besser gewesen, hätte sie die Linke mit dem dicken Ende der Gerte vor seine Nase gehalten. Es wurde wieder die Haferschüssel gebracht, und die Gerte berührte Dutch ganz sachte am ganzen Körper, doch dauerte es Tage, ehe er wirklich Mut faßte. Wenn er sich auch an die Gerte an einem Körperteil gewöhnt hatte lief er weg, sobald man ihn woanders berührte. Als er sie schon von vorn und unten akzeptierte, verlor er noch alle Selbstkontrolle, wenn sie von hinten kam – und das Programm lief aufs neue an.

Die Lektionen mit der Gerte waren von ausschlaggebender Wichtigkeit für

134

ihn, weil es vom Boden aus viel leichter ist, die panische Angst zu überwinden als vom Sattel aus. Mit der Kette kann er leichter kontrolliert werden und hat auch nicht zusätzlich einen Reiter auf dem (schmerzenden) Rücken, der ihn am Gebiß zurückhält und damit wieder den alten bösen Kreislauf in Bewegung setzt: Druck im Maul – Verspannung im Hals – Druck im Sattel – Verspannung im Rücken – Schmerz – Weglaufen.

Als er zum erstenmal den Zick-Zack-Kurs ohne verspannten Nacken und angehaltenen Atem absolvierte, war er auf dem Weg, neue Lektionen zu akzeptieren, ohne in die alten Angewohnheiten zurückzufallen.

Reiten

Als Linda ihn erstmals in der Bahn ritt, mußte sie alle Geschicklichkeit und Erfahrung aus 30 Jahren Pferdetraining aufwenden, damit Dutch nicht sofort wieder in Panik geriet. Er war mit Lindel (s. S. 163) und einer kleinen Stange gezäumt worden; bei starken Rücken- und Hüftschmerzen kann ein Pferd sich nicht über das Maul ausbalancieren – also versuchten wir, ihn über die Nase zu beeinflussen, ohne Druck und Zug im Maul; die Stange diente als letzte «Bremse» und hinderte ihn daran, die Nase zu hoch zu nehmen. Ein Hestar-Sattel war schon vorher eigens für ihn angefertigt worden, damit er auf seinen hohen Widerrist paßte. Ganz behutsam wurde Dutch geritten, nur wenig gegen den aufgenommenen Zügel von Lindel und Stange geschoben (keineswegs getrieben). Dennoch war nach 10 Minuten schon allen klar, daß er unter Streß ging und viel Schmerzen hatte. Er war nicht in einen klaren Schritt zu bekommen, sondern ging einen schwerfälligen Paß – bereit, bei der kleinsten Anforderung loszustürmen (Abb. 122).

Unmöglich auch, ihm den Kopf freizugeben, damit er sich entspannte und den Hals streckte. Ohne die geringste Arbeit ging sein Atem auf 120 herauf (statt der normalen 20). So war es sinnlos, weiterzureiten, ehe Dutch seine Furcht verlor und den Instinkt zum Davonrennen überwand. Er brauchte die geschilderten Manipulationen an Hals und Kopf und viel Arbeit am Boden, um die Versteifungen und Verspannungen des Körpers loszuwerden. Seine Manieren bedurften keines Trainings; im Gegensatz etwa zu Kaishan war er folgsam und lieb.

Wegen seiner außergewöhnlichen Lernschwierigkeiten dauerte es noch volle zwei Wochen, ehe wir ihn wieder unter den Sattel nehmen konnten. Hier war er, infolge seiner Angst und Verspannung, so unflexibel, daß er immer wieder lateral aus dem Gleichgewicht geriet – was ihn noch ängstlicher machte.

Wir stellten ihn nun auf Rollergebiß und Westernsattel um, wobei es wegen des schon erwähnten hohen Widerristes nicht einfach war, den Sattel zu verpassen. Es gelang uns jedoch, genügend Polsterung darunter zu bringen. Im Roller (s. S. 127) ging er mit weicherem Maul und gab im Genick besser nach, bis er – nach zwei Wochen – gelernt hatte, auf leichtesten Kontakt hin zu gehen.

135

Dutch wurde viel im «Halbschritt» geritten, das heißt in einem ganz wenig versammelten Schritt, bei dem sich das Pferd – Schritt um langsamen Schritt – jeweils nur halb so weit wie normal vorwärtsbewegt und nicht mehr gegen das Gebiß getrieben wird. Das hilft ihm, mehr Gleichgewicht zu finden. Schlangenlinien von nur 2 m brachten ihn bei jeder Richtungsänderung wieder aus dem Gleichgewicht; Stops und viel Stillstehen von nur 30 Sekunden jeweils halfen ihm, es immer wieder zu finden.

Gewiß könnte man nun fragen, weshalb ein Pferd, das für Distanzen gedacht war, in der Bahn gearbeitet wurde, doch ist die Kombination von Tellington-Touch, T.E.A.M.-Arbeit am Boden und wohl bedachtem Reiten in der Bahn der wirklich schnellste Weg, einem nervösen Pferd Selbstvertrauen und Balance beizubringen. Es hilft nichts, ein Pferd draußen zu reiten, wenn es die ganze Zeit über nur pullt (wie es auch nichts hilft, es in der Bahn nur Dressuraufgaben gehen zu lassen). Dutch wäre davon nur immer nervöser geworden, hätte seinem Körper immer mehr Schmerzen zugefügt und sich immer mehr verspannt, wenn man ihn dabei ständig zurückgehalten hätte – was wegen des Davonrennens ja nötig gewesen wäre.
So wurde er viel über Bodenhindernisse geritten, bis er selbst sie begriff und

Abb. 122

die Figuren nicht nur im Kopf seines Reiters fixiert waren, ohne Sinn und Verstand für das Pferd. Es machte ihm sichtbar Spaß, wenn er am langen Zügel etwa seinen Weg durch das Labyrinth selber finden, auf das leichteste Signal hin stoppen, sorgsam um die Ecken gehen, ausbalanciert warten und dann zuversichtlich weitergehen konnte. Auch Wendungen gegen die Bande hin – eine Westernübung, die sehr ruhig durchgeführt wurde – halfen ihm, sein Gleichgewicht zu verbessern.

Das sind alles gute, einfache Übungen, zu denen als wichtigste in diesem Falle noch das Treten über Stangen kam. Wir legten sie etwa 10 cm über dem Boden aus und zwar ziemlich lose, damit sie wegrollten, wenn er zu schnell wurde und mit den Hufen daran schlug – das verlangt Konzentration von Pferd und Reiter.

Wir legten dazu zwei Stangen etwa 150 cm voneinander entfernt parallel auf den Boden und 4 Stangen mit je 70 cm Abstand voneinander darüber: eine Schrittlänge also. Eilte er aus Unsicherheit zu hastig darüber, saß der Reiter ab und führte ihn ein paarmal. Wagte er sich unter dem Reiter immer noch nicht so recht darüber, legten wir ihm unter dem Kopfstück Halfter und Kette an und ließen ihn von einem Helfer führen, während der Reiter ganz stillsaß und nur leichtesten Kontakt nahm. Das hilft vielen Pferden, die beim Reiten schlechte Erfahrungen gemacht haben. (Eine «schlechte Erfahrung» bedeutet meist, daß ungerecht gestraft wurde, wenn ein Pferd eine neue Lektion noch nicht verstanden hatte; es setzt dann künftig «neu» gleich mit «Strafe»).

∗

Eminent wichtig ist es auch, daß bei Pferden mit Rückenschmerzen der Reitstil geändert wird: Der Rücken darf auf keinen Fall belastet werden; der Reiter muß unbedingt vom Vollsitz auf den leichten Sitz umschulen. Allein das kann schon schlagartig eine Verhaltensänderung beim Pferd hervorrufen.

∗

Am Ende der 4. Woche hatte Dutch Momente, in denen er schnell und im Gleichgewicht, seiner selbst sicher, durch die Bahn trabte. Er war sogar ein schönes Pferd geworden, schnaubte leise ab, ließ die Ohren spielen, ließ sich mit dem kleinen Finger anhalten, während der Schweif – immer das Stimmungsbarometer – ruhig niederhing (Abb. 123).
Leider dauerte es immer nur Momente.

Fahren
Dutch wurde einfach die Furcht vor Dingen, die von hinten kamen, nicht los, erregte sich, geriet aus dem Gleichgewicht – das alte Lied. Dies kann man als einen Hinweis darauf nehmen, wie «clever» ein Pferd ist. Das clevere Pferd lernt schnell, wenn ihm Neues mit Geduld gezeigt wird; das geistig und körperlich unbeweglichere Pferd jedoch braucht viel mehr Zeit. Freilich ist

Abb. 123

kein halbes Leben dazu nötig: nur eben mehr Bemühung, längeres Nachdenken von seiten des Ausbilders und eine sorgsam aufgebaute Verständigung mit dem Pferd. Die Belohnung ist dann aber oft, daß das einmal Gelernte auch bombenfest sitzt.

Abb. 124

Abb. 125

Dutch wurde nun vom Boden aus gefahren (Abb. 124). Zuerst fürchtete er sich wieder vor der Berührung der beiden Leinen am Hinterteil, überwand die Angst jedoch relativ schnell, da er inzwischen die Gerte an diesen Stellen akzeptierte. Er trug nur ein Stallhalfter, kein Gebiß und natürlich auch keine Kette. Viele Leute «fahren» mit Gebiß, doch sollte Dutch ja lernen, ganz ruhig und gesammelt zu gehen; auf jeden Zug im Maul aber rollte er sich schon unter dem Sattel auf, was ihn nur schneller machte. Jetzt lernte er, das Tempo zu halten ohne Kontakt, bis ein deutlicher Zug auf der Nase dann Langsamerwerden oder Halt anzeigte.

Er wurde viele Stunden so gefahren, ins Gelände, über alle möglichen Bodenhindernisse hinweg. Im Schritt klappte es schließlich gut, aber beim ersten Antraben war wieder der Helfer vonnöten (Abb. 125). Wegen seines überstarken Vorwärtsdranges konnte Dutch sich immer noch nicht selbst zurückhalten – er kannte über den Schritt hinaus einfach nur ein Tempo: volle Pulle voraus. So nahm ein Helfer ihn vorn an die Kette, um das Tempo – Gerte vor der Nase – zu verringern. Er sollte lernen, sich auch im Trab unter Kontrolle zu halten: auf ein Zeichen hin langsamer zu werden, bis er begriff, was wir wollten, und dann, am langsam länger werdenden Zügel, gleichmäßig weiterzutraben. Natürlich sollte er dasselbe auch unter dem Sattel tun, doch mit einem Pferd, dem der Rücken so wehtat und das sich so wenig im Gleichgewicht befand, gelingt das immer besser, wenn es zuvor auf dem Boden erlernt wurde.

Gerte und Fahren waren für Dutch die Lektionen mit der größten Wirkung und dem nachhaltigsten Erfolg.

Andere Reiter und endlicher Dauererfolg

Nach 2 Wochen mit Linda im Sattel war Dutch wesentlich besser geworden; sein Atemwert sank im Schritt von 120 auf 80; das war freilich immer noch zu hoch, jedoch ein deutlicher Fortschritt. Sowie aber der Reiter gewechselt wurde, fiel er in sein altes Verhaltensmuster zurück. Bei allen anderen Pferden wurden die Reiter täglich gewechselt, um Duldsamkeit und geistige Regsamkeit zu erhöhen, und den meisten machte es nichts aus, da ja alle Schüler nach den gleichen Anweisungen und unter strikter Aufsicht arbeiteten. Die Aufgaben waren für das Pferd interessant, und jeder Reiter nahm sich die Zeit, einen persönlichen Kontakt zum Pferd herzustellen. Dazu gehört auch, daß nicht in Abteilungen und nicht mit allgemeinen Kommandos gearbeitet wurde, sondern jeweils Einzelaufgaben zu lösen waren, die sich nach Ausbildungsstand und Aufnahmefähigkeit des einzelnen Pferdes richteten.

Dutch war anders. Infolge seiner inneren Unsicherheit und vorhergegangener schlechter Erfahrungen war jeder neue Reiter ein potentieller Tiger, vor dem er unverzüglich davonraste (Abb. 126), und für jeden Schritt vorwärts mußten wir zuerst wieder zwei zurück machen.

Es war offenkundig, daß Dutch lernen wollte, doch manchmal war es wirklich anstrengend, Geduld zu bewahren, wenn man sah, wie langsam er lernte. Viele Leute meinen sicher: «Weshalb soviel Zeit verschwenden? Haut ihm ein paarmal kräftig übers Fell, dann begreift er schnell genug!» Hin

Abb. 126

und wieder trifft man auf ein stures, verdorbenes Pferd, bei dem diese Methode vielleicht wirkt. Hat es aber Schmerzen, wie Dutch, und versucht es, uns zu verstehen, obwohl infolge seiner Unsicherheit der Fluchtinstinkt alles andere zudeckt, so würde diese Behandlung es nur um so schneller dorthin bringen, wo Dutch – wahrscheinlich infolge solcher «Erziehungsmaßnahmen» – schon einmal war: vor die Tür des Schlachthofes.

Die andere Frage ist natürlich: «Lohnt sich das alles für ein solch ‹wertloses› Pferd?» Seine Besitzer hatten es vor frühem Geschlachtetwerden bewahrt; sie hatten es aufgepäppelt, als es heruntergekommen zu ihnen kam; sie hatten ihm Korrekturbeschläge gegeben und einen eigenen Sattel anfertigen lassen – und hatten nun immer noch ein Pferd, über das jeder «richtige» Reiter nur lachte. Wozu das?

Sie liebten es. Sie betrachteten es als ein Stück Familie – nicht als Objekt zur Befriedigung irgendeines Ehrgeizes. Aber auch Liebe kann auf eine harte Probe gestellt werden ...

Gert, sein Besitzer, war ein guter Reiter. Er und seine junge Frau kamen oft, um zu lernen, wie man den Tellington-Touch anwendet und welche T.E.A.M.-Übungen wichtig für ihn waren. Die letzten 2 Wochen behielten wir Dutch ohne Bezahlung, weil auch wir nicht wußten, ob das Training bei

Abb. 127

Leider zeigt diese Momentaufnahme den Reiter mit Turnschuhen. Es kann nicht genug vor solchem Leichtsinn gewarnt werden!

Abb. 128

einem so langsam denkenden Pferd schließlich helfen würde. Dann nahmen seine Besitzer ihn mit nach Hause und spannten ihn ein – mit großem Erfolg. Sie waren glücklich. Als sie ihn Monate später wieder zu reiten begannen, war Dutch ein neues Pferd geworden – angstfrei, sicherer, «seinen» Menschen vertrauend. Sie begannen, ihn langsam für Distanzen zu trainieren – und siehe da: es klappte auf Anhieb! Seither ist er ein zufriedenes, erfolgreiches Pferd über mittlere Distanzen mit einem glücklichen Reiter.
Die Abbildungen 127 und 128 (ein Jahr später anläßlich eines Distanzrittes aufgenommen) sprechen Bände: Dutch im freien, langen Trab, ganz leicht am langen Zügel stehend, mit ruhigem Schweif und gespitzten Ohren, der Reiter im leichten Sitz.
Über Dutchs Gesicht sagt Linda heute: «Sein Auge blickt stolz – er weiß, daß er erfolgreich ist und genießt sein Leben. Zudem sieht er aus, als habe sein Intelligenzquotient beträchtlich zugenommen. Obwohl sein Kopf natürlich immer noch etwas grob ist, hat er sich erheblich verfeinert – man braucht sich dazu im Vergleich nur die beiden Eingangsfotos (115, 116) anzusehen. Die Menschen haben ihn von seinen Schmerzen und seinen Ängsten befreit – er dankt es ihnen mit Gesundheit, Zuverlässigkeit und Leistung.»

Rex

Rex war ein siebenjähriger Haflingerwallach, gewaltig, wuchtig. Seine Besitzer schrieben: «Beim kleinsten Papierstück auf dem Reitweg oder wenn ein Schild oder sowas auftaucht oder etwas dasteht, das am Vortag noch nicht dort war, erschrickt er sehr, springt mehrere Meter zur Seite, dreht um und galoppiert weg. Ein spezielles Problem sind Plastiktüten oder ähnliches, was raschelt oder flattert. Wenn er einmal galoppiert, läßt er sich nur mit großem Kraftaufwand wieder zurücknehmen. Außerdem geht er in der Gruppe ungern vorn.»

Die Besitzerin hatte die Kraft nicht, ihn zu halten. Und das Reitgelände in Großstadt-Nähe machte jedes Durchgehen lebensgefährlich.

Charakter
Rex hat ein interessantes Profil (Abb. 129). Die Rundung der Stirn zwischen den Augen ist oft Zeichen irrationalen Handelns; es folgt eine ganz kleine Muldung, die ziemlich abnorm ist, dann eine gerundete untere Nasenpartie, die sogenannte Elchnase, immer Zeichen eines starken Charakters, das sich häufig bei Herdenführern oder Tieren der oberen Rangordnung findet. Das kurze, pointierte Kinn geht meist mit mangelnder Flexibilität zusammen – ein langsamer Lerner, der unter ihm fremden Umständen irrational reagieren kann. Der etwas verschwommene Ausdruck des eher fleischigen Kopfes weist ebenfalls auf geringe Intelligenz hin. Sein starker Bartwuchs und ein kleiner Bart auf der Oberlippe weisen andererseits auf ein Pferd hin, das vergnügt mitmacht, wenn es einmal begriffen hat, daß es beim Reiten nicht nur festgehalten wird, sondern freier laufen kann.

Von vorn betrachtet (Abb. 130) ist er weit zwischen den Augen – bei schweren Warmbluttypen nicht immer, wie sonst meist, ein Zeichen von Intelligenz. Ist zum Beispiel die Breite kombiniert mit der oben erwähnten

Abb. 129   *Abb. 130*

Abb. 131

Rundung, so überlagert diese sie in der Wirkung. Die Ohren stehen weit auseinander und sind von mittlerer Länge, was auf einen gelassenen Charakter hinweist. Die Augen sind nicht ganz geöffnet – kurzsichtig? Die Nüstern sind nicht groß, jedoch ganz geöffnet, was annehmen läßt, daß er am Geschehen rundum interessiert ist.

An seinem Körper (Abb. 131) ist höchst bemerkenswert die hohe Kopf-Hals-Haltung, die er immer einnahm. Erfahrungsgemäß hat dies mit einem Augenproblem zu tun: Manchmal handelt es sich um Nahsicht, manchmal um mangelnde Tiefenwahrnehmung. Rexens jähes, überaus heftiges und kraftvoll-gefährliches Wegspringen vor fremden Gegenständen oder überraschenden Bewegungen im Gelände könnte dafür ein Beweis sein. Wenn der Kopf aber immer in dieser Position gehalten wird, ist der Muskeltonus nicht normal und der Reflex zum Flüchten doppelt stark. Die Haltung ist dem Pferd sehr unbehaglich, und es bringt nun dieses Unbehagen mit allem in Verbindung, was es ängstigt. Ändert es diese Haltung und bringt es den Kopf herunter, dann sehen fremde Dinge nicht mehr so erschreckend aus, das Pferd sieht und riecht besser.

Tellington-Touch

Kopf und Hals nach unten zu bringen, war das einzige Ziel; so beschäftigten wir uns mit seinem übrigen Körper wenig, außer täglicher Touch-Arbeit am Halskamm.

Abgesehen von der unangenehmen Eigenschaft des blinden Wegspringens war Rex, was seine Manieren anging, absolut unproblematisch: leicht zu füttern, zu putzen, zu satteln, angenehm im Umgang mit Menschen, auch unter dem Sattel für gewöhnlich leicht zu kontrollieren und anzuhalten, und zwar sowohl einzeln als auch in der Gruppe.

Was er in seinem Leben nie gelernt hatte, war Selbstkontrolle.

*

Wir sprechen so oft und zu Recht vom angeborenen Fluchtinstinkt des Pferdes, dennoch muß exakt diesen Instinkt das Pferd beherrschen lernen. In einem Pferd unserer modernen Zeit ist er nicht nur nutzlos, sondern äußerst gefährlich.

Um die instinktive Fluchtreaktion auszuschalten, müssen wir seine auf Flucht eingestellte Haltung ändern, jedoch nicht über den Zwang von Martingal oder sonstigen «Hilfsmitteln», sondern indem wir es lehren, richtig anzuhalten und uns zu vertrauen. Bindet man den Kopf mit einem Martingal herunter, so stoppt es – wie Martingal-«gehaltene» Pferde tausendfach belegen – bei Panik doch nicht, sondern fürchtet sich wegen des unangenehmen Zwanges nur um so mehr.

*

Rex' Problem war ja klar umrissen. Natürlich hätten wir ihm ein Rollergebiß geben und ihn ausreiten können, hätten ihn auch notfalls mit Gewalt angehalten. Doch hätte das die im verspannt hoch getragenen Kopf manifeste Bereitschaft zum Scheuen und die mangelnde Selbstkontrolle ja nicht beseitigt.

T.E.A.M.-Arbeit am Boden

Wir überlegten deshalb von Anfang an, daß wir ihm am Boden Herausforderungen bieten mußten – schwierige Lernhindernisse. Wäre er nervös oder so allgemein verspannt gewesen wie Dutch, hätten wir viel Zeit auf Führen und ähnliche Übungen verwandt. So aber gingen wir nach Erledigung des Grundprogramms gleich zur Arbeit mit Plastik über.

Plastik kann man auf unterschiedliche Weise in den Lernprozeß einbeziehen; jedes Pferd ist ein wenig anders. Das einzige, was bei allen *nicht* hilft, ist, sie mit der Gerte hinüberzuprügeln – das schadet nur, weil es dem Pferd bestätigt, daß es recht hatte, als es sich fürchtete.

Bei einem ängstlichen Pferd beginnt man damit, daß man die Plane zu einem schmalen Streifen zusammenlegt, über den es leicht wegtreten kann (s. S. 105). Tut es das, kann man es von diesem Streifen füttern, dann ein Ende etwas weiter aufmachen, es darauftreten lassen.

Ist ein Pferd von echter Panik erfüllt, legt man den zusammengelegten Streifen parallel so zur Bande hin, daß es die Bande entlang daran vorbeigehen kann; in der Mitte hält man jeweils an und reicht ein wenig Körnerfutter – jedesmal etwas tiefer, bis das Futter auf dem Streifen liegt. Und bei jedem Durchgang wird der Streifen dichter zur Bande geschoben, bis es schließlich darübertritt.

Manche Pferde verlieren ihre Angst, wenn sie ruhig neben der Plane stehen und zusehen, wie andere darübergehen. (Das trifft auf sämtliche Lektionen zu, nur müssen wir ganz entspannt und leise arbeiten und sicher sein, daß die anderen Pferde die betreffende Übung auch einwandfrei ausführen. Denn umgekehrt erschreckt nichts so sehr, als wenn ein anderes Pferd sich wie irr aufführt. Hat man beispielsweise ein Pferd, das beim Verladen Schwierigkeiten macht, läßt man nie andere zusehen! Und sollte ein anderer Besitzer gar Gewaltmaßnahmen anwenden, sein Pferd dabei schlagen oder es laut anbrüllen, geht man mit dem eigenen möglichst weit fort – es könnte allzu leicht sein Vertrauen verlieren.)

Bei Rex konnten wir robuster vorgehen: Wir legten die Plane gleich breit auf den Boden. Als er in die Bahn gebracht wurde, erwischte ein leichter Windstoß sie zufällig und bewegte sie ein wenig – er scheute, riß dem Ausbilder die Leine aus der Hand und jagte ans andere Ende der Bahn, von wildem Entsetzen erfüllt. Passiert so etwas das eine Mal, so passiert es auch ein zweites Mal, und so wurde *diesem* Pferd in *dieser* Situation die Kette durch das Maul gezogen (Abb. 132) und einmal kurz angefaßt, um es aufmerksam zu machen. Dies geschah keinesfalls hart oder strafend – er wurde für das Wegrennen nicht bestraft, weil das seine Furcht nur verstärkt hätte.
Benutzt man die Kette in dieser Weise, so sollten die Ösen am Halfter besser rund sein statt eckig. Das Halfter selbst wird höher als normal verschnallt – der Nasenriemen soll knapp 2 Fingerbreit unter dem Jochbein liegen. Wenn die Kette zu tief liegt, kann sie zum Halfterring hin die Mundwinkel kneifen.

Abb. 132

Die Kette durch das Maul zu führen, mag grob klingen. Aber das überaus starke Pferd war außer jede Kontrolle geraten und angesichts des bewegten Objekts hysterisch geworden, da es dieses aus seiner steifen, hohen Kopfhaltung heraus nicht richtig einschätzen konnte. Die kurze, mit Verstand eingesetzte Lektion in Selbstkontrolle jedenfalls war besser, als ihn zum Schlachter zu schicken, was angesichts seines gefährlichen Scheuens auch schon erwogen worden war.

Als er sorgsam wieder an die Plane herangeführt wurde, ging sein Atem so schnell, daß es uns Angst machte: über 88 in der Minute – im Stehen! Er wurde mehrmals rund herum geführt, wobei er sich mehr auf die Kette als die Plane konzentrierte. Mit steif gespreizten Hinterbeinen stand er sodann da, Hals und Ohren wie erstarrt (Abb. 133). Nun bekam er eine Handvoll Hafer und senkte den Kopf zum Fressen, brachte die Lippen vorsichtig ans Futter; seine Furcht ließ etwas nach. Ganz langsam wurde er nun wieder um die Plane herumgeführt, ein Stückchen am losen Zügel, dann wieder – als Warnung, gut aufzupassen – mit vorsichtig verkürzter Leine und Zupfen an der Kette. Noch einmal versuchte er davonzurennen, merkte aber, daß es nicht ging, und wurde sofort mit ein bißchen Hafer und freundlichem Zuspruch belohnt.

Zum ersten Mal in seinem Leben blieb er da stehen, wo der furchterregende Gegenstand lag und lief nicht blindlings davon! Langsam schien ihm klarzuwerden, daß am Boden der Mensch die Situation im Griff hatte und er ihm wahrscheinlich seine Sicherheit anvertrauen konnte. Nach mehrfachem Vor-

Abb. 133

Abb. 134

Abb. 135

halten des Futtereimers wurde dieser nun auf die Plane gesetzt – und er fraß daraus (Abb. 134).

Ein paar Minuten später wurde das Futter gleich auf die Plane gegeben; der Ausbilder ließ ihm viel Zeit und Führleine – das gibt dem Pferd das Gefühl, den nächsten Schritt selbst bestimmen zu können, wohingegen eine straffe Leine ablenkt oder irritiert. Bei der ersten Berührung der Plane sprang er wieder zur Seite (Abb. 135), doch diesmal nicht blindlings und nicht so, daß der Ausbilder weggerissen wurde – er blieb unter Kontrolle. Der Ausbilder seinerseits blieb weit genug entfernt, anstatt zu versuchen, das Pferd durch Gegenlehnen mit Schulter oder Ellenbogen zu stoppen – der übliche, gefährliche Reflex! Wer mit Pferden umgeht, sollte sich bewußt darauf trainieren, immer und in allen Fällen auf Abstand zu bleiben.

Innerhalb von 10 Minuten stand Rex mit beiden Vorderfüßen auf der Folie, den Kopf gesenkt und ins Fressen vertieft. Als er dann weiterging und einen Hinterfuß auf die Plane setzte, bekam er erneut einen Schrecken, sprang ein bißchen herum und schaute sich um nach seinem Fuß, als wolle er sagen: «Ach – das Geräusch hab ich also selber gemacht!» – und seine Angst vor Plastik war ein für allemal dahin, er konnte problemlos darüber geführt werden.

Für Rex war das Plastik eine enorme Herausforderung gewesen. Als er gelernt hatte, über Plastik zu gehen, war alles andere verhältnismäßig leicht: Wasser, Gräben, Anhänger – das lief bei Rex, dessen Vorstellungskraft sicher eher schlicht war, künftig ganz nach der Vorstellung: «Das ist alles gar nicht so schlimm – am Ende bekomme ich was zu fressen – und interessant ist es auch noch.»

Die nächste Lektion war das *Labyrinth:* Rex sollte lernen, auf ganz kurzes Annehmen und Loslassen der Kette zu reagieren (sie war nun natürlich wieder in «Normalstellung» verschnallt). Soll er auf einen zukommen (neu!), zupft man ganz kurz an der Kette und *läßt sofort wieder los:* Daraufhin tritt er auf den Führenden hin. Ein Pferd soll nicht auf Zug reagieren, sondern auf *Loslassen:* es soll das Zupfen nur als *Zeichen* betrachten. Das läßt es mitdenken und solche Zeichen *erwarten* und mit der Zeit auf immer winzigere Zeichen reagieren. Bei einem Pferd wie Rex, mit einer eher sturen, abwartenden Disposition wollten wir die Reaktion aktivieren und das Nervensystem darauf sensibilisieren.

Das Labyrinth weckt die Aufmerksamkeit des Pferdes und läßt es auf unsere kleinsten Bewegungen hinsehen; dabei werden Teile seines Gehirns aktiviert, die ohne diese nicht-gewohnheitsmäßigen Bewegungen und Reaktionen brachlägen.

Die dritte Lektion für Rex war dann das Hindurchgehen *unter Plastik.* Inzwischen hatte er soviel Vertrauen gewonnen, daß er kein einziges Mal davonzurennen versuchte, als wir ihn heranführten. Anders als Dutch, der seine Lektionen unendlich langsam lernte, brachte jede Lektion Rex mehr Sicherheit und Selbstvertrauen.

Auch das Hindurchgehen unter Plastik bedarf der großen Geduld, des Abwartens, bis das Pferd Zeit genug gehabt hat, darüber nachzudenken, was wir wohl von ihm wollen. Dazu stellt man sich selbst erst genau vor, was man will, und läßt dann das Pferd ruhig unter den Plastikbogen treten – es wird folgen. *Auf keinen Fall* stellt man sich auf die andere Seite und ruft: «Komm, komm!», wenn das Pferd sich noch nicht von der Stelle bewegen will. Das bringt ihm nur bei, daß es unsere Aufforderungen ja gar nicht befolgen muß. Besser wartet man eine Minute oder zwei, bietet ihm ein paar Körner Futter an (rasselt mit dem Eimer, läßt es fressen) – zupft an der Kette, läßt gleich los (ein Signal, das es schon kennt). Natürlich soll es am Ende nicht mehr nur dem Futter folgen – das ist nur für den Anfang gedacht, zu seiner Entspannung und damit es den Kopf senkt. Später möchten wir natürlich, daß das Pferd unseren Signalen überallhin folgt und weiß, daß es sich dabei ganz sicher fühlen kann.

Nachdem Rex an mehreren Tagen unter der Plane durchgeführt worden war – schließlich ohne Halfter! – (Abb. 136), wurde er zunächst über und dann unter Plastik geritten. Seine Reiterin beugte sich bei letzterer Lektion nicht tief genug hinunter und riß den Plastikstreifen mit ihrem Kopf weg. Rex stürzte die Bahn entlang, die Plastikfahne wie einen Brautschleier hinter sich her ziehend. Da er ein Rollergebiß trug, konnte er schnell angehalten

Abb. 136

werden. Hätte er die Trense im Maul gehabt, würde er den Kopf hochgenommen und die Halsmuskeln angespannt haben und wäre erst viel später zu stoppen gewesen. So aber wurde er gelobt, die Reiterin saß ab, fütterte ein bißchen Hafer aus dem Eimer, führte ihn wieder unter dem reparierten Bogen her und ritt dann ohne Probleme abermals darunter durch. Er hatte Vertrauen genug gewonnen, um solche kleinen Malheure durchzustehen.

Trabarbeit über *gekreuzte Stangen* (s. Abb. 86) war eine andere Übung, die seine Koordination verbesserte und ihm beibrachte, den Hals anders zu gebrauchen, beweglicher zu werden. Anfangs fürchtete er sich noch ein wenig vor den Bewegungen des Ausbilders vor ihm, lernte aber – über ein freundliches Halskratzen – bald, daß auch das ganz in Ordnung war.

Was ihm besonders gefiel, war schließlich die Arbeit *ohne Halfter*. Sehr mit sich zufrieden, marschierte er, mit einer Plastikjacke auf dem Rücken, die Ohren gespitzt, den ganzen Parcours ab (s. a. Abb. 100).

Spazierengehen als Korrekturhilfe ist sicher ungewöhnlich, aber wieviel Sicherheit geben wir damit unseren Pferden, wieviel Vergnügen bereiten wir ihnen (Abb. 137). Rex nahm den Kopf tief und beschnoberte den Weg wie ein Hund, prägte ihn sich ein. (Es tut uns immer leid, Pferde mit engem Sperrhalfter und Martingal, stramm am Zügel durch die Landschaft geritten

Abb. 137

Abb. 138

Abb. 139

Abb. 140

zu sehen: wieviel Arbeit – und wie wenig Spaß!) Die Ausbilderin hält das dicke Ende der Gerte etwa 70 cm vor sich; sie könnte sie sofort ruhig vor die Nase hochführen, sollte Rex versuchen, an der Kette zu ziehen. Das ist besser, als wenn das dünne Ende nach vorn zeigt; sie liegt fester in der Hand, und wenn man dem Pferd einmal verwahrend damit auf die Nase klopfen muß, ist die Wirkung nachhaltig, ohne daß es kopfscheu wird. Das Leitseil sollte ein wenig lockerer gehalten werden.

Mitten auf dem Stoppelfeld, auf dem andere Pferde gearbeitet werden, lernt Rex jetzt *stillzustehen*, ohne angefaßt zu werden (Abb. 138): es lehrt ihn Geduld und wieder Selbstbeherrschung.

Alles, was an der Hand geübt wurde, macht Rex nun mühelos *unter dem Reiter:* etwa wenn die Ausbilderin ihn behutsam durch das Labyrinth mit seinen engen Windungen lenkt (Abb. 139). Rex senkt den Kopf, um den Weg besser zu sehen, und spitzt aufmerksam die Ohren. Daß rundum gearbeitet, geritten und gesprungen wird, bringt ihn längst nicht mehr aus der Fassung.
Jetzt macht er die Übung *rückwärts* (Abb. 140). Auf Wunsch der Besitzerin und weil er inzwischen gelassen genug geworden war, wurde er nur noch auf dem unteren Zügel des Rollergebisses geritten. Bei Pferden, die zuviel

Vorwärtsdrang haben oder die Angewohnheit, hinter den Zügel zu kriechen, muß man den Roller stets mit zwei Zügeln reiten, aber das war ja nicht Rexens Problem. Für ihn war wichtiger, was für alle scheuenden Pferde gilt: daß er mit dem Roller den Kopf nicht hochwerfen kann, um loszuschießen. Außerdem hatte er seine Kopfhaltung völlig umgestellt (vgl. Abb. 131) und war mit zwei Fingern zu halten. Der Fluchttrieb war nun nicht mehr der bestimmende Faktor in seinem Verhalten. Beim Ausreiten war keine Rede mehr von Scheuen, Durchgehen oder Bösartigkeit gegen andere Pferde.

Ein Jahr später schrieb uns seine Besitzerin: «Rex ist ein ganz anderes Pferd geworden. Seine Schreckhaftigkeit hat sich derartig verringert, daß ich ihn als ganz normal bezeichnen möchte. Er erschrickt nur noch ganz selten, und wenn, hat er gelernt, nicht wegzulaufen, sondern sich die Sache in Ruhe anzusehen. Im Frühjahr habe ich sogar an einem Distanzritt teilgenommen, bei dem er als Einzelpferd in ganz fremdem Gelände startete. Das hätte ich früher nie gewagt. Er wurde bei 100 Pferden 19.; hätten nicht Fußgänger ein Schild abgerissen und uns damit 20 Minuten Umweg beschert, wäre er sogar 4. geworden. Haben Sie Dank für das, was Sie aus Rex gemacht haben.»

Heira

Heira war eine Islandstute, 9 Jahre alt, von bester Abstammung, in einer großen Herde frei aufgewachsen, mit 5 Jahren erstmals nach Reken gebracht zum Einreiten. Nie schlecht behandelt, war sie doch so extrem handscheu, daß sie nur ein wenig zugänglicher gemacht, gesattelt und ganz wenig geritten werden konnte. Auch im nächsten Jahr blieben Einfangen und Aufsitzen schwierig, und so geschah, was mit vielen schwierigen Pferden geschieht, wenn mehrere Reitpferde vorhanden sind: Heira wurde nur selten geritten und war nun, mit 9 Jahren, übernervös und beim Aufsitzen so unruhig, daß es nur mit mehreren Helfern gelang. Sie trat zur Seite, versuchte zu beißen, zu steigen, zu buckeln. War der Reiter endlich im Sattel, trippelte sie auf der Stelle, galoppierte im Schrittempo, nahm den Kopf hoch, drückte den Unterhals heraus und vermittelte dem Reiter das Gefühl, ständig auf einem Vulkan zu sitzen. Dabei ging sie nicht durch, töltete und trabte, war aber im Handumdrehen in Schweiß gebadet.

Charakter

Ein kurzer, breiter Kopf (Abb. 141) mit Augen, die ziemlich tief sitzen: Zeichen für ein im Kern «smartes» Pferd. Ohren von mittlerer Länge, oben und unten ziemlich breit: Zeichen für einen gleichmäßigen, ruhigen Charakter. Augen mittelbreit voneinander entfernt, die Nüstern treten mittelscharf hervor – lauter gute Anzeichen. Das Profil (Abb. 142) ist komplex: Es setzt sich aus mehreren widersprüchlichen Einzelteilen zusammen. Über den Augen ist es leicht vorgewölbt, dann nach innen eingezogen, dann ramsnasig – das sind Anzeichen unterschiedlicher Eigenschaften. Die Rundung über

Abb. 141 *Abb. 142*

den Augen verrät oft einen etwas schwierigen Charakter, das konkave Nasenbein weist auf Ängstlichkeit hin, während die Ramsnase Zeichen von Stärke ist. Doch alles kommt nur teilweise zum Durchbruch. Das Maul ist ein wenig kurz geraten, das Kinn ausgeprägt. Alles in allem ein guter, aber nicht unkomplizierter Charakter.

Körper
Heira wurde zuerst gesattelt vorgeführt, und da ergab die «Handprobe» (bei der die Reiterhand zwischen Sattel und Pferderücken entlangfährt), daß der Rücken eisenhart verspannt war. Offenkundig tat er ihr auch weh. Das ist häufig dann der Fall, wenn das Pferd – aus angeborener Ängstlichkeit oder anfänglich falschem Satteln – die Rückenmuskeln abwehrend verspannt, sobald der Sattel sie berührt. Die ziemlich feste Polsterung üblicher Sättel liegt nun genau auf diesen angespannten Muskeln beidseits des Rückgrats und ruft bald echte Schmerzen hervor, gegen die das Pferd sich dann mit verstärktem Verspannen zu wehren versucht. Das wird nach einer Weile zur schlechten Angewohnheit, die beim Reiten zunimmt – der Sattel drückt ja mit Reitergewicht noch stärker. Wir gaben Heira, als wir sie später selbst ritten, einen Westernsattel, der flacher über dem ganzen Rücken aufliegt und nicht auf die Rückenmuskulatur drückt.
Heira war auch am Kinn steinhart sowie dicht hinter den Ganaschen (Abb. 143); bei allem Ungewohnten hielt sie dauernd und lange den Atem an. Die inneren Schenkel (Abb. 144) waren so verkrampft wie bei einer «Jungfrau»,

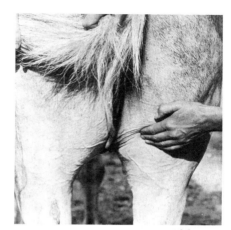

Abb. 144

Abb. 143

und es schien fraglich, ob sie in diesem Zustand je aufnehmen würde. Wir erfuhren dann, daß sie erst kürzlich 5 Wochen beim Hengst gewesen war und nicht aufgenommen hatte. Eine Entspannung in diesem Bereich konnte also auch zu künftiger Trächtigkeit beitragen.

Tellington-Touch
Linda arbeitete zunächst allein mit ihr. Näherte man sich Heira, so zuckte sie am *ganzen Körper,* am stärksten unterhalb der Hüfte – so sehr, daß es den Fuß jedesmal hochriß. Die Ohren waren aufmerkend zurückgelegt, die Augen blickten mißtrauisch (nicht ängstlich!). Lindas Hände griffen sehr sacht zu; es bedurfte unendlicher Geduld. Da die Verspannung unbewußt ist, wird sie als solche vom Pferd gar nicht wahrgenommen – nach einer halben Stunde erfolgte ein erstes Kopfschütteln, als falle etwas Beklemmendes von ihr ab. Zehn Minuten vorher bildete sich auf dem Rücken noch keine einzige Falte, wenn die Hände die Haut zusammendrücken wollten – jetzt ließ sie sich leicht zusammenschieben (Abb. 145). Der bretthart Hals wurde vorsichtig herumgenommen (s. Abb. 17-19) – eine Übung, die sich später als Schlüsselerlebnis herausstellen sollte. Die Ohren wurden sehr intensiv in die Arbeit einbezogen (Abb. 146) wegen der Starre, die den Kopf vom steifen Kinn bis zu den steifen Ganaschen zeichnete.

Nach der linken Seite wurde auch die rechte gründlich abgetastet und bearbeitet.

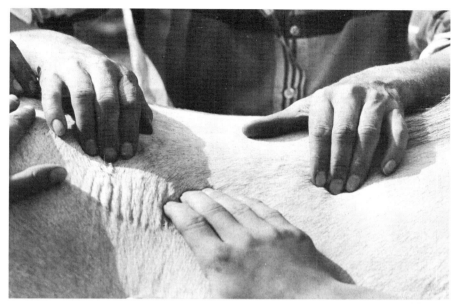

Abb. 145

Da die Behandlung mit dem Tellington-Touch für Heira von größter Bedeutung war, wurde sie – vor allem an Kopf, Nacken und Ohren – täglich vor der Handarbeit durchgeführt. Heira stand von Mal zu Mal *sichtlich* entspannter da und schloß bei der Berührung durch die Hände wohlig die Augen.

Hier ist ein Bericht einzufügen, der von mehreren der aufmerksamen Ausbilder bestätigt wurde. Am Tage nach der ersten Behandlung stand Heira zwischen den anderen Pferden im Auslauf, besonnt und schläfrig. Auf einmal nahm sie den Kopf nach vorn und drehte ihn langsam soweit nach links, daß die Nase die Schulter berührte; sie wiederholte dasselbe rechts, stieß dann einen tiefen Seufzer aus und begann wieder zu dösen. Augenscheinlich wiederholte sie jenen Vorgang des Abbiegens – ebenso augenscheinlich war auch, daß er etwas Neues dargestellt hatte, eine Erfahrung war, die sie verwunderte und die ihr so wohlgetan hatte, daß sie sie von sich aus wiederholte. (Daß Pferde nach den ersten Streckübungen mit den Beinen – s. Abb. 40-46 – diese von sich aus oft selbst wiederholen, ist in Reken hundertfach beobachtet worden.)

Man mag einwenden, daß man einem Naturwesen wie dem Pferd doch sicherlich nicht zu zeigen braucht: «Dreh an diesem Punkt den Kopf nach hinten», da es das doch von Natur aus kann. Unsere Erfahrung geht aber dahin, daß manche Pferde, die nervös scheuen und Angst haben vor allem, was sich hinter ihnen abspielt, sich *ganz* umdrehen, da sie sich offensichtlich nicht mit einer kleinen Rückwärtsbiegung des Kopfes nach hinten orientieren konnten.

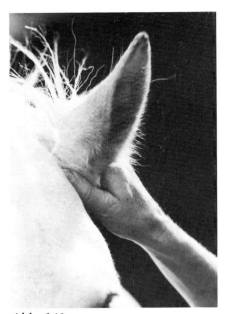

Abb. 146

Abb. 147

Satteln und Aufsitzen

Als Linda erstmals versuchsweise und mit viel Hilfe aufsaß, warf Heira sofort den Kopf hoch, verspannte sich bretthart und mußte am Lindel viel zu hart gehalten werden (Abb. 147). Hier lag ihr Hauptproblem, hier mußten wir ansetzen. Weil der Mensch sich nicht klarmacht, was in einem Pferd beim ersten Satteln vorgeht, entstehen oft äußerst langwierige Komplikationen. «Von Natur aus» verbindet das Pferd nichts mit diesem Vorgang; er stellt Widernatürliches dar und muß sorgsamst eingeübt werden.

Viel Zeit und Geduld wurde nun hierauf verwandt. Der Sattel wurde nicht schnell aufgelegt und festgemacht; viele Helfer nahmen sich Zeit, legten ihn auf, nahmen ihn wieder ab, reichten Brot, beschäftigten sich intensiv mit ihr (streichelnd, redend – das Herdentier Pferd reagiert mit Wohlgefallen auf solche Beschäftigung, drängt sich doch auch die Herde in Augenblicken der Verunsicherung eng aneinander; die Anwesenheit vieler beruhigt, Körperkontakt gibt Sicherheit!). Es ist deswegen in vielen Fällen geradewegs falsch, ängstliche Pferde allein zu stellen, für absolute Ruhe zu sorgen und sich dann mit dem Sattel sozusagen anzuschleichen. Wir gingen genau gegenteilig vor. Nach einer Weile stieß Heira die angehaltene Luft aus und entspannte sich. Erst dann wurde der nächste Schritt unternommen – wieder mit viel Zeit. Heira trat bei jedem Versuch, aufsitzen zu lassen, zur Seite. Statt nun aber

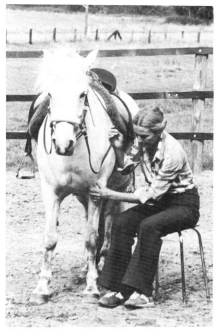 

Abb. 148 *Abb. 149*

einen Helfer aufzufordern, sie festzuhalten, nahm Linda einen Hocker und setzte sich gemütlich neben sie (Abb. 148). Beklopfte sie sachte, sprach leise mit ihr, ganz ohne Hast und Drängen. Es mußten ja *Reflexe* abgebaut werden, die sich tief eingeprägt hatten. Das geht nicht im Handumdrehen. Heira mußte mit*denken,* den Vorgang *ohne Angst* erleben. Dazu mußte sie – wieder einmal – die angehaltene Luft ausatmen. Nach einer Weile *muß* sie es tun, weil sie den Atem ja nicht unbegrenzt anhalten kann. Dann erst kletterte Linda auf den Hocker und saß ganz gemächlich auf und wieder ab. Futter, Loben.

Der gleiche Vorgang spielte sich nun auf der anderen Seite ab (Abb. 149). Ein Pferd sieht ja, infolge der seitlichen Anordnung der Augen, Dinge auf beiden Seiten neu und verschieden. Deshalb ist es, wie schon mehrfach gesagt, so wichtig, sich möglichst auf beiden Seiten gleichermaßen mit ihm zu beschäftigen. Ganz entscheidend wird das, wenn alte Reflexe gebrochen und neue Gewohnheiten geprägt werden sollen. Was – aus alter, böser Angewohnheit – von links den falschen Reflex hervorruft, ist, auf der rechten Seite neu und behutsam richtig getan, ungefährlich. Und nach und nach wird die Sache dann auch links ungefährlicher.

Auf dem Foto ist deutlich zu sehen, daß Heira mit*denkt.* Die Ohren sind nicht mehr starr zurückgelegt, sondern spielen, das Genick gibt nach, der Hals wölbt sich: lauter Anzeichen dafür, daß sie ihre reflexhafte Verspannung aufgibt und das Geschehen registriert. Der Tatsache, daß ein Pferd zum Mitdenken angeleitet werden muß, wenn man es von Problemen befreien und zum angenehmen Kameraden erziehen möchte, wird viel zu wenig Bedeutung zugemessen. «Die wird das schon lernen», sagt man und bringt ihr gar nichts bei. Wie aber soll ein Geschöpf – sei es Mensch oder Tier – lernen, wenn ihm nichts beigebracht wird?

Und so lernte Heira nun in kleinen Schritten, daß weder Satteln noch Aufsitzen wehtun, daß sie sich nicht verspannen muß, daß es viel angenehmer ist, unverspannt dazustehen und abzuwarten.

Der Hocker erfüllte dabei doppelte Funktion:

1. Wenn man aus halber Höhe aufsitzt, wird der Sattel nicht seitwärts heruntergezogen. Das ist dem unerfahrenen Pferd nämlich sehr unangenehm: Es muß unter dem nach links gezogenen Sattel (mit anhängendem Reiter) ein neues, ihm fremdes Gleichgewicht finden. Allein dies bringt viele Pferde dazu, automatisch zur Seite zu treten, wenn der Reiter aufsitzen will. Vom Hocker aus kann er aufsitzen, ohne daß der Sattel sich bewegt.

2. Auf dem Hocker stehend, nimmt der Mensch eine Position ein, die in der Höhe etwa der des Sattels entspricht. Das – junge, verängstigte, verunsicherte – Pferd sieht ihn weiter über sich dastehen, ohne daß zunächst etwas geschieht. Es gewöhnt sich an diesen Anblick und erschrickt nicht mehr, wenn der Reiter schließlich im Sattel sitzt.

Abb. 150

Jetzt ist das Aufsitzen vom Boden aus an der Reihe. Ein Helfer hält eine Schüssel mit Futter vor, als die Reiterin sacht in den Sattel gleitet (Abb. 150). Eine Schüssel sollte es sein, damit das Pferd die Nase aktiv hineinstecken muß und sie bei der Futteraufnahme nicht zu schnell zurückziehen kann. Das fixiert das ganze Pferd in einer Position, die ihm durch das Fressen angenehm gemacht wird. Die Schüssel wird ein wenig nach unten gehalten, damit sich Hals- und Rückenmuskulatur nicht verspannen können und die Luft ausgestoßen, nicht angehalten wird.
Während des Aufsitzens ist die Haltung jetzt ganz entspannt – der Schweif zeigt es an, er hängt ganz ruhig herunter. Heira hat verstanden, daß Aufsitzen harmlos ist.

Doch sowie sich der Reiter im Sattel zurechtsetzt, stellt sich sofort der alte Reflex ein: Verspannung des Körpers bei hochgenommenem Kopf und herausgedrücktem Unterhals (Abb. 151). Die auf den Hocker gesetzte Schüssel mit Futter nimmt sie nicht einmal wahr. Die Reiterin sitzt ab und lehrt sie von Hand, der Schüssel mit dem Kopf tiefer nach unten zu folgen (Abb. 152).
In größter Ruhe lernt sie dasselbe dann vom Sattel aus. Das bedarf der Zeit und Geduld, nicht aber vieler Wiederholungen. Die Schritte müssen einander sacht und fließend folgen und das Pferd selber zu der Erkenntnis bringen, daß nach jedem Lernschritt das Gefühl im Körper angenehmer ist. Es lernt also nicht durch Wiederholung von Lektionen, dem Menschen blindlings zu

Abb. 151   *Abb. 152*

gehorchen, sondern es lernt, daß sein eigenes Wohlbefinden sich erhöht, wenn es sich so verhält, wie der Mensch es möchte.
Das ist fast eine Umkehrung des allgemeinen Verhaltens gegen Pferde. Diese Lehrweise hat den Nachteil, daß sie ganz zu Anfang unverhältnismäßig viel Zeit beansprucht (am ersten Tag arbeiteten wir 3 Stunden mit Heira), und sie hat den riesigen Vorteil, daß es in der Folge sehr schnell geht und das Gelernte «sitzt» (am zweiten Tag arbeiteten wir etwa 1 Stunde mit Heira, von dann an täglich nur 20 Minuten, bis sie nach kurzer Zeit schon ausgeritten werden konnte).

Eine neue Schwierigkeit trat auf, als sie unter dem Sattel links zur Bande gedreht werden sollte: Sie konnte den Hals nicht abbiegen, sondern schwenkte immer den ganzen Körper herum. Wieder begannen wir bei Bekanntem: Absitzen, den Kopf sachte nach hinten-*unten* drehen, aus der Hand füttern (Abb. 153). Die Hand mit dem Futter ging dann langsam zurück bis in Sattelnähe – Heiras Augen folgten der Bewegung. Dasselbe von der anderen Seite – Heira kann den Hals schon geschwinder biegen. Im Sattel hält die Hand dann wieder das Futter hin – Heira dreht den Kopf und frißt (Abb. 154). Dabei dreht sie den Hals tief unten am Aufsatz, nicht oben hinter den Ohren.
Abgesessen wird die Übung nun mit leichter Richtung nach oben wiederholt. Heira ist immer schneller bereit, zuzuhören und den sanften Anweisungen zu folgen. Bald kann sie mit lockerer Halsmuskulatur sich beidseits biegen und auch die erste Rundung zur Bande hin vollziehen.

Abb. 153   *Abb. 154*

Abb. 155

T.E.A.M.-Arbeit am Boden
Die Aufgaben an der Hand machten Heira wenig Mühe; so nahmen wir sie bald schon unter dem Sattel über die Hindernisse. Dabei arbeiteten wir sie im gebißlosen Lindel (Abb. 155); dieses wirkt direkt auf die Nase ein, ohne Druck auf die Nerven beidseits des Gesichtes. Der Riemen unter dem Kinn ist aus weichem Leder, über der Nase ist ein Bügel aus starrem Lariat-Seil. Das Kopfstück insgesamt hat die Wirkung, daß das Pferd den Hals länger macht. Heira wäre bei ihrer Ängstlichkeit mit einem Gebiß im Maul nur noch verspannter geworden.

Im *Labyrinth* hatte sie echte Schwierigkeiten bei der Halsbiegung unter dem Reitergewicht (Abb. 156). Durch leichten Druck zwischen dem 1. und dem 2. Halswirbel wird sie daran erinnert, wie man es macht. Das Labyrinth lehrt steife Pferde – wenn betont langsam durchritten, mit häufigem Anhalten auf der Geraden und in der Biegung –, jede Biegung des Körpers selbst zu erfühlen und dadurch geschmeidiger zu werden.

Beim *Stern* (Abb. 157) kam es darauf an, daß Heira sehr genau hinschaute und taxierte, ehe sie jeden einzelnen Fuß langsam hochnahm und genau so weit vorsetzte, daß er mitten zwischen den beweglichen Stangen aufsetzte und keine ins Rollen brachte. Das gelang nur, wenn sie selbst interessiert mitmachte. Der Reiter kann die Übung leichter und schwerer machen, je nachdem, wo er die Stangen durchreitet. Heira suchte mit tief gesenktem Kopf und ruhig durchatmend bald überall ihren Weg.

*

Abb. 156

Abb. 157

164

«Lernen», sagte Linda dazu, «umfaßt gewöhnlich das Formen und Verändern des Verhaltens durch die Gewinnung und Verfeinerung spezifischer *Bewegungsgeschicklichkeit*. Das heißt also, Heiras körperliche Geschicklichkeit nicht durch ermüdende Wiederholung *abstrakter* Übungen (Volten, Handwechsel, Schulterherein usw.) zu steigern, sondern dadurch, daß sie lernt, ihren Verstand zu nutzen und zwar in *nicht-gewohnter Weise*. Das erlernt sie am *konkreten* (fremden) Objekt: an Stangen, Tonnen, Labyrinthen. Alle Übungen zielen darauf hin, sie bewegungssicherer zu machen, ihr körperliches und seelisches Gleichgewicht zu stabilisieren. Als Folge davon verliert sie die aus der Ungeschicklichkeit und Unbeweglichkeit entstandenen Ängste; sie entspannt sich und hört auf das hin, was der Reiter von ihr will.»

Endlicher Erfolg

Heira wurde körperlich und geistig flexibler; bald schon ging sie artig in Gesellschaft von Dorli (s. S. 178), einem Vollblüter, hinaus zum Spazierritt (Abb. 158).

Ihre Besitzerin schrieb uns später: «Ich reite Heira heute mit allergrößtem Vergnügen. Nach der Rückkehr in ihre alte Umgebung war sie offensichtlich hin und her gerissen zwischen alten und neuen Erfahrungen. Zunächst zog sie die alte «Schau» wieder ab, aber ich nahm es gelassen, da ich wohl merkte, daß sie es selbst nicht so ernst damit meinte. Wir beruhigten sie mit Brot, mit Touch-Behandlung am Halskamm, mit viel Stimme (auf die sie

Abb. 158

besonders gut reagiert) und Geduld. Heute geht sie vorbildlich: holen, anbinden, putzen – kein Problem; ihr Tölt wird täglich besser, und sie wird überhaupt nicht müde. Als ich kürzlich länger aussetzen mußte, ging sie nach dem Stehen so vorbildlich, als sei sie jeden Tag unter dem Sattel gewesen. Man merkt: Gründlich gelernt ist gelernt.»

Mini

Mini war eine 6jährige Vollblut-Araberstute, in einem sehr großen Gestüt aufgewachsen und bis vor wenigen Monaten wild und roh wie ein nie angefaßtes Fohlen. Ihre Besitzerin schrieb: «Sie war anfangs sehr lieb und willig und lernte schnell; mein 16jähriger Sohn ritt sie bereits im Gelände. Da sie eine sehr gute Abstammung hat und bezaubernd schön ist, brachte ich sie zum Hengst. Als sie nach ein paar Tagen zurückkam, war sie nervlich zerrüttet, unruhig und verspannt, verängstigt, extrem schreckhaft, stand keine Sekunde still, ließ sich nicht mehr führen, ohne zu toben; kleinste Veränderungen in ihrer Umgebung ließen sie gefährlich scheuen, und geradezu hysterisch wurde sie beim Anblick von Wasser. Sie reagierte auf Menschen und leider auch auf andere Pferde unfreundlich, so daß sie nicht mehr auf die Weide durfte. Ich wußte nicht mehr weiter und meldete sie in

Abb. 159   *Abb. 160*

 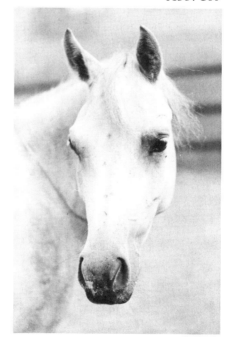

Reken zum Problempferde-Kurs an, obwohl ich mir kaum vorstellen konnte, daß man dort in so kurzer Zeit etwas erreichen würde. Aber was sollte ich sonst schon machen?»

Charakter
Die beiden Porträts (Abb. 159, 160) wurden leider erst nach 2 Wochen bei uns gemacht. Mini hat jetzt ein freundliches, sanftes Auge; die Stirn ist flach, die Kieferpartie groß, gut modelliert und entspannt. Das Gesicht verrät (für einen Araber) mittlere Intelligenz. Die Nüstern sind (wiederum für einen Araber) von mittlerer Größe; die Ohren haben normale Länge, sind unten weit auseinandergesetzt, gehen oben weit auseinander: Zeichen eines guten Charakters. Die stark eingedrückte Nasenpartie ist meistens ein Zeichen für Zaghaftigkeit: ein Pferd, das ein Mitläufer, kein Leittier ist. Das Kinn ist eng und weich und füllig und kann sich starrsinnig zusammenziehen (Abb. 161), wenn sie ihren Willen durchsetzen möchte. So reagierte sie während der ersten Tage auf jede Behandlung: mit eckig geblähten Nüstern und zusammengepreßtem Maul (deutliches Mißfallen!) und harten Augen, jede Kooperation ablehnend.

Körper
Mini war gut gebaut, mit hübsch angesetztem Kopf und Hals (keine Spur von Hirschhals), gutem Rücken, starken geraden Beinen und im Kern gesunden, wenn auch vernachlässigten Hufen. Vom Bau her ergaben sich also keine Probleme.
Mini ließ sich jedoch nirgends anfassen, ohne ihr Mißfallen *deutlich* zu

Abb. 161

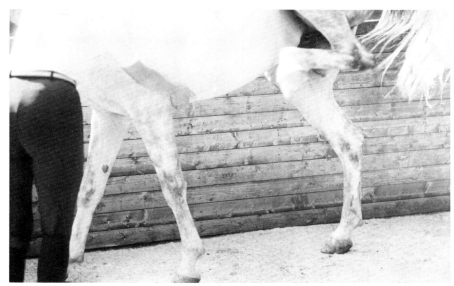
Abb. 162

zeigen: entweder legte sie, bei hartem Blick, die Ohren recht giftig zurück (s. Abb. 163) oder sie versuchte zu beißen oder zu schlagen. Berührte man sie an der Brust, warf sie den Kopf herum, um zu beißen, kam man am Bauch der Gurtzone zu nahe, schlug sie nach hinten oder unter den Bauch aus (Abb. 162), wollte der Schmied einen Hinterhuf hochnehmen, ließ sie sich zu Boden fallen (die Hufe sahen entsprechend desolat aus). Schmerzen schien sie nicht zu haben, vielmehr litt sie unter erhöhter Kitzligkeit, einer Überempfindlichkeit, die ihrerseits wiederum ein Zeichen für Muskelverspannung ist. Daß sie unter dem Reiter mit solcher Verkrampfung der gesamten Muskulatur beim Scheuen meterweit zur Seite sprang, konnte nicht verwundern. (Sich nicht gern anfassen zu lassen, hatte sie übrigens mit vielen Arabern gemein.) Außerdem war sie dauerrossig – wobei die Besitzer nicht sagen konnten, ob sie das auch während der kurzen Zeit, die sie vor dem Besuch des Hengstes bei ihnen gewesen war, gehabt hatte.

Schlußfolgerung
Mini hatte eine hohe Meinung von sich selbst und keine Spur von Respekt vor ihrer Besitzerin und infolgedessen auch kein Interesse an engerem Kontakt mit ihr. Das gefährliche Scheuen war das Ergebnis von Verspannung, Mangel an Selbstkontrolle und der Tatsache, daß sie beim Einreiten keine Chance zum Lernen gehabt hatte. Jetzt war sie wie eine kokette kleine Frau, den meisten Leuten zu intelligent, unduldsam, verspielt – aber nicht duldend, daß man sie anfaßte.

Arbeit mit dem Tellington-Touch

Allererste Voraussetzung zum Umgang mit Pferden ist es, daß sie sich am ganzen Körper anfassen lassen: auch an der Gurtlinie, an den Ohren, am Maul, am Gesäuge. Nur solche Pferde machen später beim Veterinär oder beim Schmied keine Schwierigkeiten. Dies also mußte Mini zuallererst mit viel Geduld und leichter Hand beigebracht werden.

Als sie das erstemal zur Arbeit hereingebracht wurde, war sie ungeduldig und aufgedreht und beachtete den Ausbilder überhaupt nicht, hatte keinerlei Manieren und war so unbeherrscht, daß wir sie zunächst nicht anbanden, sondern das Leitseil einfach um einen Pfosten schlangen, damit sie keinen Knoten festziehen konnte.

Kaum war sie dann wieder losgemacht, um sicherer angebunden zu werden, als sie auch schon blindlings losstürmte und Linda beinahe überrannte. Diese schlug sofort mit aller Kraft das Ende des dicken Leitseils gegen Minis Brust; hätte sie die Gerte zur Hand gehabt, so hätte Mini einen soliden Schlag mit dem dicken Ende auf die Nase bekommen. Ist, wie in diesem Falle, ein Schlag unbedingt nötig, muß der Ausbilder sehr schnell handeln, damit beim Pferd Tat und Strafe unverwechselbar aufeinander folgen und die Wirkung sofort erreicht wird: in unserem Falle ging es darum, den vorgestreckten Kopf des losrennenden Pferdes zurück zu bekommen, um es zu stoppen.

Mini entdeckte zum ersten Mal, daß der Mensch sich ihre albernen Ungezogenheiten nicht gefallen ließ! (Hier ist anzumerken, daß sie eigentlich Miruwi hieß. Wir fanden, daß dieser Name für ihr ohnehin zu ausgeprägtes Selbstbewußtsein zu üppig sei und nannten sie verkleinernd Mini).

Sie stand nun zwar still, wollte aber mit den Menschen nichts zu tun haben. Was sie denkt, ist an den zurückgelegten Ohren und dem sauren Blick (Abb. 163) unschwer abzulesen.

Abb. 163

Nun erst konnte die Arbeit am Körper beginnen. Nach etwa 20 Minuten sanften Streichelns und leichten Drückens, Rollens und Klopfens empfand Mini die Berührung langsam als angenehm. Das Gesicht, das jede Regung lebhaft widerspiegelte – zurückschießende Ohren, unwillig blickendes Auge, flatternde Unterlippe, zusammengezogene oder geblähte Nüstern – entspannte sich. Doch beim Versuch, auch die Hinterschenkel anzufassen, schlug sie wieder aus. Nun bekam sie einen harten, klatschenden Schlag mit der flachen Hand unter den Bauch. Sie wußte inzwischen, daß die Berührung des Körpers ihr nicht wehtat, mußte also nicht mehr so heftig reagieren; es war einfach eine Angewohnheit, und Mini erfuhr nun, daß es höchste Zeit wurde, sie sich wieder abzugewöhnen. Und prompt ließ sie weiteres Anfassen zu – auch in der Gurtlage und am Unterbauch.

*

Mini war eine wertvolle Araberstute, und so ist hier eine Erwägung angebracht, die über die zur Frage stehende Korrektur hinausgeht. Stuten, die so kitzlig sind wie sie, haben sehr oft Probleme mit dem ersten Fohlen (wenn nicht gar mit allen Fohlen). Sie lassen es nicht ans Euter heran, weil sie in diesem Bereich kitzlig sind und hypernervös reagieren. Dann muß der Betreuer mit Kraft eingreifen – legt vielleicht eine Bremse an, um die Stute abzulenken. Diese verbindet von nun an mit dem Saugen des Fohlens eine unangenehme Erinnerung und bringt ihm möglicherweise weniger Muttergefühle entgegen. Es zahlt sich also immer aus, eine Stute auch beim allgemei-

Abb. 164 *Abb. 165*

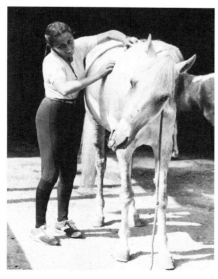

nen Putzen von vornherein am Euter zu berühren, damit dort erst gar keine Empfindlichkeit entsteht. Daß man dabei sanft vorgeht, versteht sich von selbst.

*

Wenige Tage später: Es ist eine Körperstelle gefunden worden, an der Mini sich besonders gern kratzen läßt – und schon hat man einen Freund gewonnen! Minis Haltung (Abb. 164) hat sich auffallend geändert: Der Hals ist vorwärts-abwärts gestreckt, der Kopf wohlig zur Seite gedreht, die Lippen sind genüßlich vorgeschoben. Mini hat endlich entdeckt, daß Menschen für Pferde auch interessant sein können und Gutes bedeuten. Intelligent, wie sie ist, steht sie bereits frei und ohne Halfter da.

171

T.E.A.M.-Arbeit an der Hand

Die Arbeit an der Hand lief natürlich parallel mit der Körperarbeit, wie immer. Mini durchlief sämtliche Lektionen gut, nachdem sie ihre motorische Unruhe abgelegt und das Stillstehen akzeptiert hatte.

In den ersten Tagen ließen wir sie über Mittag allein in der offenen Reitbahn, 2–3 Stunden lang. Es machte sie zuerst ganz verrückt – sie lief unruhig, rastlos herum, bewegte die Unterlippe, rollte die Augen, rannte pausenlos am Zaun entlang, machte aber keinen Versuch, ihn in Richtung der anderen Pferde zu überspringen (wie sie es daheim mehrfach getan hatte). Wir beobachteten, daß sie um so ruhiger wurde, je länger die Sache dauerte: Gleich zu Anfang lernte sie, daß ihre Hektik nicht beachtet wurde. Aber wenn sie dann stand, flappte die Unterlippe noch lange nach in einer nicht zu unterdrückenden motorischen Unruhe.

Beim Training zum *Stillstehen* nahm sich der sehr konzentrierte und an ihr interessierte Ausbilder anfangs übertrieben viel Zeit. Er setzte sich auf eine Tonne vor sie hin und erlaubte ihr nur, den Kopf, nicht aber die Beine zu bewegen.

Am ersten Tag wollte sie absolut nicht stillstehen und nahm vom Ausbilder einfach keine Notiz. Daraufhin bekam sie *einen* kräftigen Schlag rechts und links vor die Brust (sie war übrigens das einzige Pferd, das mehrmals geschlagen wurde). Die Gerte wurde ihr vor die Nase gehalten und fixierte einen Punkt, an dem sie nicht mehr vorbei konnte. Sie schrak zurück, wurde aber sofort aufmerksam und nahm von da an jeden Menschen – im Sattel oder am Boden – als jemanden wahr, der wahrzunehmen ist, mit dem man zu rechnen hat, der in ihrer Welt etwas bedeutet. Die eine einzige Lektion hat ihre Aufmerksamkeit nach außen «extrovertiert», hat sie von dem nur auf Pferde gerichteten Interesse auf Menschen als Partner gelenkt.

Der Ausbilder ließ sie nun, wie gesagt, ganz still dastehen: Er ahnte jede Bewegung im voraus, ehe sie ausgeführt war.

*

Ein Pferd einen Schritt zurückzuführen auf den Platz, auf dem es stehenbleiben soll, ist wesentlich schwieriger, als es daran zu hindern, einen Fuß hochzuheben – nur muß dazu der Ausbilder mit voller Konzentration dasitzen und sich eine ausreichende Kenntnis vom Bewegungsablauf und dem Denkvorgang von Pferden angeeignet haben: Er muß praktisch eingreifen, *bevor* überhaupt etwas geschehen ist. Das imponiert jedem Pferd; es paßt künftig besser auf, wenn der Mensch sozusagen den Gedanken schon erahnt. (Und wem das zu sehr vermenschlichend klingt, der probiere es – wie wir es hundertfach taten und immer noch tun – selber aus.) Die Kontrolle geschieht über das Führseil und die Gerte, wobei sich wieder herausstellt: Die Gertenarbeit sieht so ungeheuer leicht aus und ist, mit Erfolg, so schwer zu tun! Am ehesten gelingt es, wenn man in der Bewegung beginnt: das Pferd 1

Schritt gehen und wieder anhalten läßt – umdreht und hält – 2 Schritte geht – zur anderen Seite umdreht – 15 Schritte geht und anhält, bis das Pferd überlegt: «Was will denn der Mensch nur von mir?» und es tut. Dieses «Tun» freilich muß so winzig klein, so einfach sein, daß das Pferd es ohne Mühe und Anstrengung tun kann. Man muß also in diesem Stadium sehr vorsichtig sein, daß man nicht zuviel verlangt. Am wichtigsten ist die Geduld des Ausbilders und seine genaue Vorstellung von dem, was er wirklich will.

*

Mini wurde immer vernünftiger und gelassener. Ihr Ausbilder sagte: «Ihre Ansicht von der Welt hat sich in 5 Tagen völlig verändert. Was früher unverständlicher Arbeitszwang war, nimmt nun verständliche Gestalt an: 1 Schritt vorwärts, 1 Schritt rückwärts gehen, Beine vorstellen, einzeln anheben, zurückstellen, Kopf höher nehmen, über Stangen gehen, um Tonnen herumgehen – sie tut alles, was sie lernt, und sie tut es gern, weil sie es kann. Ihre Nervosität fällt einfach ab. Sie geht in die Schule und bewältigt das Pensum.»
Zum Schluß bleibt sie unangebunden mitten im Hindernisparcours in der andere Pferde anderes tun, ruhig stehen (Abb. 167), rührt sich auch nicht vom Fleck, wenn der Ausbilder sich entfernt.

Ihre wache Intelligenz schlug dann zu Buche, als es darum ging, nicht nur stehenzubleiben, sondern auch neben dem Trainer über die *Bodenhindernisse* zu gehen. Die junge Ausbilderin wirft beide Hände in die Luft (Abb.

Abb. 167

Abb. 168

168), um zu zeigen, daß sie Mini auch nicht am dünnsten Bändchen festhält, während die Stute artig und interessiert über die Hindernisse geht und sich selbst den besten Weg sucht.

Ausreiten
Da Minis Probleme weithin bei den Ausritten lagen, wo sie vor allem und jedem scheute, wurde sie von Anfang an auch nach draußen genommen. Hören wir wieder, was ihr Ausbilder sagte: «Wir gingen ins Gelände. Sie war zuerst sehr nervös. Ich gab ihr die Zügel, so lang sie sie wollte; sie nahm sofort den Kopf nach unten und pendelte mit ihm etwa 20 cm über dem Boden von einem Objekt zum anderen. Das hatte sie bei den Bodenhindernissen in der Bahn ja gelernt. Sie sah sich alles genau an, und zwar sehr langsam. Nach etwa 300 m begann sie von sich aus zu traben. Ich ließ sie tun, was immer sie wollte. Störte sie nach 20 m Trab etwas oder wurde ihre Neugier erregt, ging sie wieder Schritt oder blieb ganz stehen, sah sich die Sache an und ging weiter. Nach 1 km schnellem Trab begann sie von sich aus zu galoppieren. Ich ließ sie laufen. Dann geschah etwas Merkwürdiges: Sie stoppte nun nicht mehr, um sich Dinge anzusehen, die ihre Aufmerksamkeit erregten, sondern wandte nur jeweils den Kopf dorthin, und da sie rechts und links immerzu Neues sah (Abb. 169), bewegte sie sich wie eine Schlange unter mir. Für den ungeübten Reiter oder auch im europäischen Sattel hätte

Abb. 169

das mehrfach zu einer Trennung von Pferd und Reiter führen können. Der Westernsattel bietet da größere Sicherheit. Als wir auf diese Weise um eine Ecke kamen, stand dort ein Bauer, der seinen Traktor von zwei Anhängern loskoppelte, wobei mit lautem Geräusch die Klappe herunterfiel. Mini erstarrte auf der Stelle und rutschte sozusagen 20 cm tiefer in den Boden. Ich saß ruhig ab und führte sie an dem Gegenstand vorbei, was sie mit einiger Nervosität geschehen ließ. Dann saß ich auf und ritt weiter. Sie zeigte keine große Erregung mehr.»

*

Es ist sinnlos, ein Pferd unter dem Sattel an Gegenständen, die es ängstigen, unbedingt vorbeizuzwingen; viel besser stellt man das Vertrauen wieder her in der Position, in der es das erste Vertrauen gelernt hat – nämlich neben seiner Schulter und am Zügel. Freilich ist es dazu nötig, daß das Pferd zuvor erstklassig und nicht oberflächlich an der Hand gearbeitet wurde. Das Pferd folgt seinem Herdeninstinkt, wenn es dem Stärkeren folgt.

*

«Als ich nach einer Weile nach Hause reiten wollte, zeigte Mini deutlich, daß ihr das mißfiel; sie drehte sich um und wollte weitermarschieren. Sie ist eine außergewöhnlich neugierige und wißbegierige Stute und hatte diese Eigenschaften nie befriedigen dürfen. Sie fuhr also fort, ihre Umgebung zu erkunden. Wir begegneten einem Bauern mit einer Dreschmaschine; sie hatte ihn gesehen und kümmerte sich nun nicht mehr um ihn. Auf dem Rückweg war die Dreschmaschine in vollem Betrieb – ein erschreckender Anblick für fast alle Pferde. Ich konnte Mini anhalten, hinstellen, stehenlassen und sie sah sich die Sache an. An weiteren Objekten dieser Art ging sie einfach vorüber; es gelang mir aber stets, sie umzudrehen und zum Hinschauen zu veranlassen – was eindeutig zurückzuführen war auf die Arbeit an der Hand in der Bahn. Außerdem zahlte sich unter dem Sattel das neue Vertrauensverhältnis zum Menschen aus.»

Mini trug übrigens während der Ausritte stets ein Lindel, also eine Zäumung ohne Gebiß im Maul (s. Abb. 155); die meisten Araber gehen darauf eindeutig besser als auf der Trense

*

Ehe wir dieses Kapitel schließen, noch einige Gedanken zum Reiten von *Arabern*, das in der westlichen Welt so mißverstanden wird, daß diese geborenen Reitpferde weithin als «unreitbar» gelten.

Mini ging unter dem Sattel mit «hohem Kopf» – wenn sie ihn nicht gerade schnobernd herunternahm. Weshalb erlaubten wir ihr das? Muß ein gutes Reitpferd die Nase nicht stets und ständig vor der Senkrechten haben? Nun, der Araber entstammt einer Weltgegend, die weite Horizonte hat; zu seiner eigenen Sicherheit blickt er ins Weite – mit hohem Kopf. Ist die Sicherheitszone überschaubar, geht er ruhig. Zwingt man ihm den Kopf herunter und nimmt ihm damit den Blick in die Weite, wird er unsicher; das geschieht immer dann, wenn wir einseitige mitteleuropäische Reitweisen auch da anwenden, wo sie irritierend wirken. «Ein Araber», sagte Lady Wentworth (die mehr zur Renaissance des Arabers in Europa getan hat, als irgend jemand sonst), «der nicht vor allem, was sich bewegt – in der Nähe und in der Ferne – scheut, ist überhaupt kein guter Araber. Er muß vor einem Schmetterling scheuen. Er ist dazu gezüchtet worden, seinen Reiter sicher zu tragen, durch Tag und Nacht. Dafür müssen seine Augen stets die Entfernung absuchen, aus der Gefahr kommen kann.»

Aus dem gleichen Grund ist es unmöglich, einen Araber in eine enge Box einzusperren, ohne ein neurotisches Nervenbündel aus ihm zu machen. Hier müssen wir uns einer uralten Weisheit beugen, die in der ganzen Welt bekannt ist – verstärkt natürlich im Vorderen Orient, wo der Araber zuhause ist: Man kann Pferde nicht anders reiten, als sie gezüchtet sind! Je reiner ein Pferd gezüchtet ist (auf einen bestimmten Lebensraum und einen begrenzten Verwendungszweck hin), um so typischer sind seine angeborenen Bewegungen, denen der Reiter sich anzupassen bemüht sein muß. Der Araber sieht in mittelhoher Halshaltung am besten, mit etwas ausgestrecktem Kopf und

176

Augen, die frei schweifen können. Reitet man ihn in dieser Haltung, wird man kaum je einen hysterischen Araber finden.

*

Nach knapp zwei Wochen ritt Minis Besitzerin sie durch einen Stangenrost (Abb. 170). Mini kannte ihre Aufgabe genau und marschierte selbstsicher am langen Zügel über die Stangen, die Beine hoch anhebend, den Kopf aufmerksam vorgestreckt in schönem Gleichgewicht und mit frei schwingendem, ruhig herabhängendem Schweif. Sie wurde mit Westernsattel und Bosal geritten; den Sattel bekam sie nicht um ihretwillen, denn Rückenschmerzen hatte sie ja nicht, sondern um der Bequemlichkeit und Sicherheit des Reiters willen, der so ihr anfängliches Scheuen besser aussitzen konnte. Geraume Zeit später schrieb die Besitzerin: «Ich muß gestehen, ich ließ Mini nur ungern in Reken zurück. Daß sie dort nicht geschlagen, gezwungen oder angebrüllt wurde, wollte ich ja gern glauben, aber ich kannte eben nur diese Art Reitlehrer. Voll böser Vorahnungen besuchte ich sie am folgenden Wochenende: Was mochte aus meiner armen, zarten Stute wohl geworden sein? Und dann traf ich sie in der Reitbahn an, wo sie unangebunden in der Mitte stand und sich gelangweilt gähnend das Treiben der anderen Pferde ansah! Geschlagene 50 Minuten stand sie da, mein ehemals hysterisches

Abb. 170

177

Seelchen, ganz entspannt. Hinterher ging sie am Führstrick über Cavaletti, eine Plastikplane, durch Wasser!! – lässig, ein anderes Pferd, nach nur einer Woche. Wieder eine Woche später ritt ich sie in Begleitung draußen. Nervig war sie immer noch – sie ist nun mal hochblütig –, aber wenn ich ängstlich wurde, sagte ich «Hooo!» und sie stand still, bis ich mein klopfendes Herz beruhigt hatte. Wir ritten über einen großen, entsetzlich lauten Kinderspielplatz, um den ich auch mit einem bierruhigen Pferdegreis einen Riesenbogen gemacht haben würde. Die einzige, der das unheimlich war, war ich; Mini guckte nur interessiert um sich. Mittlerweile ist sie wieder zuhause. Sie ist ausgeglichen, freundlich und wunderbar zu reiten (und steht nun im Offenstall mit Weide). Niemals mehr habe ich das Gefühl, nicht mehr heil nach Hause zu kommen. Nur einmal bin ich beinahe heruntergefallen. Auf einem schönen, ebenen Waldweg galoppierte Mini an, und da es zum Stall zurück ging, wurde mir ungemütlich – bin ich es doch gewohnt, daß rundum Pferde ins Rasen kommen, wenns heimwärts geht. Ich muß dann wohl etwas nachdrücklich «Hoo!» gesagt haben, denn sie zog die Vierradbremse und rammte die Beine förmlich in den Boden und stand. So abrupt, daß ich beinahe kopfüber runtergefallen wäre. Seitdem sage ich es nur noch leise, und das reicht vollkommen. Was mich am allermeisten beeindruckt hat, war Linda selbst. Wenn es Seelenwanderung gibt, war sie bestimmt früher mal ein Pferd – wahrscheinlich eins, das über die Prärie donnern durfte!»

Dorli

«Mein Pferd scheut so sehr, daß es im Gelände nicht zu reiten ist», schrieb uns die Besitzerin. «Als ich es gegen den Rat meiner Vereinsfreunde doch einmal versuchte, sprang es mit mir von einer Eisenbahnböschung auf eine Asphaltstraße hinunter. Aber auch in der Bahn springt es wie wild herum, wenn auf der Zuschauertribüne nur ein Bonbonpapier raschelt. Ich habe immer das Gefühl, auf etwas zu sitzen, das kurz vor dem Explodieren ist. Außerdem läßt es sich nur unter größten Schwierigkeiten aufzäumen und wirft den Kopf ganz hoch, wenn ich das Zaumzeug überstreifen will. Ich bin am Ende ...»

Dieses Pferd möchten wir Ihnen als letztes vorstellen – nicht so sehr wegen seiner Probleme als vielmehr um dessentwillen, was es hervorgerufen hat. Dorli, wie wir den Riesen Salvador verkleinernd nannten, war 7 Jahre alt, hochblütig, unruhig, riesig, maximal gefüttert, glänzend wie eine Speckschwarte und stand angebunden keine Minute still.

Wir baten die Besitzerin, ihn vorzureiten. Schon beim Aufzäumen war der Grund seiner heftigen Abwehr klar: Das Hannoversche Sperrhalfter wurde zu tief und drei Loch zu eng geschnallt. Das tat ihm – wie hunderttausend anderen Pferden – ganz einfach weh. Doch genau so war es der Besitzerin in einem sehr renommierten Stall beigebracht worden, wo man ihr nach jedem Scheuen riet, »ein Loch enger zu schnallen«. (Auf Abb. 171, hatten wir

Abb. 171

schon 2 Löcher nachgelassen, was aber die ängstliche Sorge hervorrief, Dorli könne nun vollends unreitbar sein.) Er bot das Bild eines verkrampften Tieres. Das Martingal war viel zu tief geschnallt, und die Reiterin hatte nur das eine Bestreben, den Pferdekopf so dicht wie möglich an den Körper zu ziehen, mit der Begründung: «Er muß an den Zügel geritten werden, hat man mir gesagt, sonst kann man ihn nicht halten.»
Der Reiterin ist kein Vorwurf zu machen. Sie hatte ein teures Pferd gekauft, es in einem berühmten Stall untergestellt und sich an die Anweisungen des Reitlehrers gehalten. Was aber können *wir* daraus lernen?
Betrachten wir zunächst noch einmal das Foto 171: Das Pferd nimmt den Kopf unnatürlich steif hoch. Das passiert immer, wenn die Ringe des Martingals zu tief hängen und den Zügel nach unten ziehen – als Reflex zieht das Pferd nach oben. Diese Steife im Kopf-Hals-Bereich stoppt gleichzeitig die Bewegung der Hinterhand: Die Hinterbeine treten nicht unter, sondern werden steif angezogen und in kurzen Schritten niedergesetzt. Der Rücken, der sich dabei natürlich auch versteift, verklemmt sich nach unten – es entsteht eine trippelnde, zackelnde Vorwärtsbewegung, die schlecht und unangenehm zu sitzen ist. Doch gerade diese Verkrampfung, die verstärkt wird durch ständiges Ziehen am Zügel, um das Pferd «an den Zügel zu stellen», wird anstandslos akzeptiert; man sieht dieses Bild hunderttausendmal. Nur kann ein Pferd *so* gar nicht an den Zügel gestellt werden: Soll es tatsächlich von der Reiterhand aktiv beeinflußbar sein, so muß es von hinten

179

Abb. 172

bis vorn frei durchschwingen, die *Hinterhand muß unter das Gewicht des Reiters treten.* Vorn zu ziehen, damit die Nase «vor der Senkrechten» steht, ist völlig falsch.

Die nach hinten ziehende Hand am Zügel in dem nach unten ziehenden Martingal bewirkt über die Versteifung der Kopfhaltung hinaus und das Steifwerden des ganzen Pferdes noch etwas anderes: Das Pferd legt Hals und Kopf so fest, daß die Augen sich nicht mehr umsehen, die Umgebung nicht mehr wahrnehmen können. Statt den Kopf dahin drehen zu können, von woher erschreckende Geräusche kommen, kann dieses Pferd seine Augen nur noch rollen – angstvoll, versteht sich. Denn alles, was ein Pferd nicht richtig sieht und erkennt, erschreckt es und jagt es in die Flucht.

Der nervös peitschende Schweif verrät die Gemütsverfassung deutlich.

Wir schnallten sofort die Zügel um nahmen sie aus dem Martingal (brauchten dieses künftig gar nicht mehr), schnallten das Sperrhalfter «amerikanisch», das heißt höher auf die Nase, wo es nicht auf die Nüstern drücken und nicht in der Kinngrube schmerzen kann; zwei Finger Luft blieben zwischen Leder und Pferdekopf.

Eine junge Schülerin setzte sich in den Sattel und trabte im leichten Sitz an, die Hände entspannt beidseits des Widerristes aufgelegt, die Zügel mit gerade soviel Kontakt aufgenommen, daß das Pferd bei plötzlichem Scheuen

Abb. 173

durch bloßes Zurücknehmen der Hände leicht unter Kontrolle gebracht werden konnte (Abb. 172).

Was wir vermutet hatten, trat ein: Dorli scheute überhaupt nicht mehr! Der Vergleich dieser innerhalb von Minuten aufgenommenen Bilder zeigt, wie das ganze Pferd mit einem Schlag entspannt ist. Die Hinterhand tritt federnd weit unter das Gewicht der Reiterin (die erste Voraussetzung zum Herantreten an den Zügel), der Hals ist gestreckt, das Genick kann sich locker bewegen, die Ohren nehmen gespitzt die Umgebung wahr, die Augen sind aufmerksam rundum gerichtet. Der nun frei nachwehende Schweif verrät die zufriedene Stimmung.

Als wir nun absichtlich erschreckende Geräusche zu produzieren begannen – bis hin zum Schlag einer Kette gegen eine Blechtonne –, erwies sich, daß Dorli im Herzen eigentlich ein friedliches und überdies ein nervenstarkes Pferd war: Er drehte den Kopf den Geräuschen zu, sah hin und zuckte nicht einmal mehr zusammen.

Bei der T.E.A.M.-Arbeit war Dorli mit ungewöhnlicher Konzentration bei der Sache (Abb. 173). Für den Riesen waren die Biegungen des Labyrinths alle verdammt eng. Die Ausbilderin hält seine Aufmerksamkeit mit der Gerte wach (Abb. 174) und lenkt ihn vermittels der Körpersprache. Sie machte einen Schritt, er machte einen Schritt; Dorli spiegelt ihre Bewegungen wider, wartet gespannt auf das kleinste Zeichen. Dorli kam in den

Abb. 174

Abb. 175

Abb. 176

Auslauf und auf die Koppel und erlebte 14 glückliche Urlaubstage: ständig in Bewegung, mit den anderen Pferden herumrangelnd, in jede Rauferei verstrickt. Zum Schluß kam er, nachdem er die ganze T.E.A.M.-Arbeit durchlaufen hatte und im Gelände problemlos geritten worden war, zum Test des Halsrings (Abb. 175) und bestand ihn spielend: Federnd und wach geht er, ohne Gebiß und Zügel, nur im leichten Ring – natürlich ohne zu scheuen.

Seine Veränderung war so allgemein offenkundig (Abb. 176), daß seine Besitzer beschlossen, ihm einen Platz zu suchen, wo er möglichst viel draußen und in Gesellschaft sein kann. Heute lebt er in einem Pferdeparadies: Die ganze Familie ist mit ihm und seinem Stallkameraden an einen einsamen, weidereichen Ort umgezogen ...

Weitere erfolgreiche Pferdebücher

Dr. med. vet. Helmut Ende
Erste Hilfe für das Pferd
2. Auflage, 190 Seiten, 11 Farbfotos,
145 Zeichnungen, laminierter Pappband

Ein praktischer Ratgeber mit kurzen, übersichtlichen Informationen und vielen instruktiven Zeichnungen, die es auch Laien ermöglichen, wirksame Erste-Hilfe-Maßnahmen zur Rettung von Pferdeleben zu treffen.

Uta Over
Zäumungen und Gebisse
152 Seiten, 14 Farb-, 5 Schwarzweiß-Fotos,
52 Zeichnungen, laminierter Pappband

Wer weiß, wie Zäumungen und Gebisse zur Regulierung und Ausbildung des Pferdes und zur Kommunikation mit dem Pferd wirken, gewinnt neue Einsichten: Das richtige Gebiß hängt vom Können des Reiters, vom Wesen und Ausbildungsstand des Pferdes sowie vom Reitstil ab.

Sally Swift
Reiten aus der Körpermitte
Pferd und Reiter im Gleichgewicht
5. Auflage, 212 Seiten, 93 Schwarzweiß-Fotos,
Zeichnungen, laminierter Pappband

Mit dem Pferd wie verwachsen sein, seine Bewegungen mitvollziehen – so macht Reiten Spaß.

«*Wer gern kreativ arbeitet, wer im Pferd nicht nur die Sportmaschine sieht, sondern den lebendigen Partner akzeptiert, und wer Spaß daran hat, an der eigenen Perfektion zu arbeiten, wird das mit hervorragenden Grafiken ausgestattete Buch nie mehr missen mögen.*» Reiter Revue international

Müller Rüschlikon Verlags AG, CH-6330 Cham